中國社會藝術協會理事

中國社會藝術協會慶典藝術委員會副秘書長

中國漢疆師門創始人/掌門人

當代華夏儀典策劃權威機構【漢衣坊】品牌創始人

全球選美大賽漢服漢禮儀態導師及評審專家第一人

當代【周制‧漢式婚禮】模式開創者

當代古典儀禮主持工作【四語境法】創立人

國際漢服及華夏儀禮推廣先驅

華夏古典詩詞文化研習專家

漢衣坊主‧任冠宇

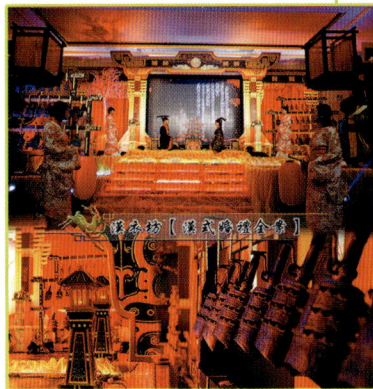

央視新媒體節目主持人
央視東方之星頻道節目總監
清華大學創業導師
第七屆第八屆全國婚禮主持人大賽總決賽評委
商務部一帶一路會議主持人
2018年馬來西亞首屆婚禮行業高峰論壇中國代表
《時尚婚禮》雜志副社長
《中國婚禮人物志》節目主創及主持人
中國婚道婚嫁產業研究院研究員
全國知名主持人講師
演員 配音演員

亢 旭

中國社會藝術協會慶典藝術委員會
　　　　　　　副秘書長/資訊宣傳部部長
中國漢疆師門聯合創始人
中國全朝代婚禮主持第一人
《中國各朝代婚禮文化》主編
《時尚婚禮》雜志 執行主編
《中國婚禮人物志》總導演

易叡

中國華夏儀典首席大司禮
中國漢疆師門聯合創始人
漢衣坊首席古典儀禮儀態導師
中國華夏儀典"詩文誦律"最高水平

漢衣坊·悠然先生

中國首席華夏儀典大司禮

漢衣坊·悠然

企業主題慶典策劃

漢衣坊慶典策劃

隆慶祥敬區儀式

頒獎盛典
盛世中华 美丽中国

主題節慶活動策劃

漢衣坊慶典策劃

慕田峪长城
古風文化節
Mutianyu Great Wall Traditional Culture

七夕古風文化節

漢衣坊【漢式婚禮全案】

主持人专业能力测评标准教程

编著 任冠宇 亢 旭 易 叡

主 编

任冠宇 亢 旭 易 叡

传统礼俗顾问 祁世刚
古典仪态顾问 悠 然
商务主持顾问 彭永刚
商务礼仪顾问 田芮嘉
语音校正专员 阅 微

吉林文史出版社
JILINWENSHICHUBANSHE

图书在版编目（CIP）数据

主持人专业能力测评标准教程/任冠宇,亢旭,易叡
编著 —— 长春：吉林文史出版社,2018.12
ISBN 978—7—5472—3894—3

Ⅰ.①主… Ⅱ.①任… ②亢… ③易…Ⅲ.①主持人
－能力倾向测验－标准－中国－教材 Ⅳ.①G222.2—65

中国版本图书馆 CIP 数据核字(2018)第 289389 号

主持人专业能力测评标准教程
ZHUCHIREN ZHUANYE NENGLI CEPING BIAOZHUN JIAOCHENG

编 著/任冠宇 亢 旭 易 叡
责任编辑/王 新
装帧设计/浩欣伟业工作室
出 版/吉林文史出版社
发 行/吉林文史出版社
印 刷/三河市金元印装有限公司
开 本/880mm×1230mm 1/16
字 数/250 千字
印 张/15.5
版 次/2018 年 12 月第 1 版
印 次/2018 年 12 月第 1 次印刷
书 号/ISBN 978—7—5472—3894—3
定 价/78.00 元

序　言

中国自古以来就是闻名世界的礼仪之邦，随着国民经济的迅猛发展和人民生活水平的不断提高，各种庆典活动层出不穷，涉及范围也在不断加大，如政务、商务、社交、涉外、营销、婚庆等，这些活动都需要经过专业培训的庆典主持人。

庆典主持人还有另外一个很古典的名字，叫作"司仪"。"司"是掌管、掌控的意思，而"仪"则是指仪式、程序、礼节，那么，"司"和"仪"结合在一起，就是掌控仪式、程序的人。在《辞海》中司仪就是一个官名；北齐、隋、唐、明都有司仪署，主管典礼之事。司仪就是古时候的主持人。

婚庆主持人是中国民间口头文学，以说为主，通过连贯、华丽的辞藻把整个结婚典礼串联起来，不拉程序，不出漏洞，始终洋溢着喜庆气氛。在进行中也可以穿插演唱、朗诵、曲艺小段及口技等表演。

商务主持人则需要具备良好的文化、礼仪、民俗、商务知识，在商务活动现场负责推进程序、调节气氛、沟通关系。

所以，无论是婚礼主持人还是商务主持人，他们都具备一个特点：把控活动的流程。

作为一名优秀的庆典主持人，首先必须具备以下基本素养：专业的舞台风范、较强的朗诵功底与思维能力、丰富的幽默感、丰富的想象力、较强的表演能力、良好的应变与沟通能力，以及较高的文化修养。这样才能完美地完成整个活动流程。

但是，并不是所有的庆典主持人都能达到以上要求。市场庞大，从业人员众多，难免泥沙俱下、良莠不齐。更重要的是，缺乏行业标准，没有专业准则，市场不是很规范。

为了适应社会的发展和需求，提高从业者的职业水平，树立行业标杆，中国社会艺术协会庆典艺术专业委员会组织相关专家团队进行了充分的研究论证，完成了对"庆典主持人"的职业资格的论证和职业标准、测评标准的制定，并获准纳入中国社会艺术协会的职业认证与测评体系，形成了《主持人专业能力测评标准教程》一书。本书从普通话的发音标准开始，涵盖了婚礼主持、商务主持等各个方面，制定了初级、中级、高级的测评标准。

在本书的带动下，随着职业标准的明确和职业资格认证培训的展开，从业者将持证上岗，并按水平评出不同级别的"庆典主持人"，以适应不同场合层次的主持活动的需要；而需求者也可以根据这个标准来衡量礼仪主持人的水平和价值，使市场形成"透明"的明码标价机制，便于他们"按图索骥"。更重要的是，以本书作为行业教材，可以大量培养优秀的庆典主持方面的人才，以满足日益扩大的市场需求。

庆典主持人职业标准的制定，也便于对从业者进行规范化管理，树立职业形象，约束从业者的行为，树立良好的职业形象，进一步规范市场，保障消费者的利益。

欣闻中国社会艺术协会庆典艺术专业委员会主持的《主持人专业能力测评标准教程》即将出版，内心激动不已，欣然提笔，为本书喝彩。

是为序。

目　　录

上部　初级　中级

第一卷　语音发声

第一章　普通话定义

（一）什么是普通话

汉语普通话是以北京语音为标准音，以北方话为基础方言，以典范的现代白话文作为语法规范的现代汉民族共同语，普通话是中华人民共和国通用语言。

包括：

1. 并非北方所有词汇；

2. 包括一些古汉语和外来词；

3. 采用北京话的声、韵、调系统，不包括北京话中的土音土语成分。

（二）汉语七大方言区

1. 北方方言区：以黄河流域为中心，分布于东北和长江流域中部以及西南各省。

2. 吴方言区：分布于上海市、江苏省东南部及浙江省大部分地区。

3. 湘方言区：分布于湖南省大部分地区。

4. 赣方言区：分布于江西省大部分地区及湖北省东南部地区。

5. 客家方言区：分布于广东省、广西壮族自治区、福建省和江西省部分地区。

6. 闽方言区：分布于福建省、台湾省、广东省潮汕一带及海南省部分地区。

7. 粤方言区：分布于广东省中部及西南部地区、广西壮族自治区东南部地区。

（三）学习普通话的注意事项

普通话的规范指的是现代汉语在语音、词汇、语法三个方面的规范，语法、词汇的学习和规范可以通过书面进行，而语音的学习和规范必须通过口耳的训练才能实现。

（四）语音学习的基本要求

准确、熟练是语音学习的基本要求，普通话语音的学习需要从发音及辨正两个方面去努力，要掌握一定的语音学的理论知识，按正确的部位、方法，发准每一个音素、每一个音节，系统地纠正受方言影响的语音习惯。

（五）普通话语音的特点

汉语普通话的特点是简单、清楚、表达力强。主要表现在：

1. 北京语音音系比较简单，音节结构形式较少。

2. 音节中元音占优势，清声母多，听觉感觉清脆、响亮。

3. 声调系统比较简单，但变化鲜明。四个声调的调值高音成分多，低音成分少，使语音清亮、高扬，且具有高低抑扬的音乐色彩。

4. 音节之间区分鲜明，使语音具有节奏感。

5. 词汇的双音节化，词的轻重格式的区分以及轻声、儿化的使用使语言表达作用更加准确、丰富。

（六）语音的四要素

语音的四要素包括：音高、音强、音长、音色。

音高：

1. 与声波的频率高低呈正相关。

2. 人的听觉感受频率在 16 赫兹—2000 赫兹之间。

3. 主要是由人类发声震动器官的长短、松紧、薄厚决定的，通常女性的声高要比男性高。

音强：

1. 与声波的振幅大小呈正相关。

2. 计算音强的单位叫分贝（dB）。

3. 与音高往往有连带关系。

音长：

指声波震动持续时间的长短。

1. 通常以毫秒（ms）为单位。

2. 普通话轻声音节的主要特征之一就是音长较短。

3. 音长较长的音节，往往是被强调的音节。

4. 音高较高、音强较强的语音，往往也会表现为音长较长。

音色：

1. 也叫音质，是指声音的特色和本质。

2. 语音是包含几个纯音的复音，其中振动频率最低、振幅最大的是基波，其余部分叫谐波。

3. 语音音色的不同主要是由于发音时声腔形状的不同造成的。

4. 复杂的生成语音的过程是集中在口腔中进行的。

（七）语音发声的心理基础

1. 语言过程即信息的编码—发送—传输—接收—解码的过程。

2. 发音的准确与否常依赖于听音辨音的准确与否。

第二章　语音基本概念

1. 音节：语音结构的基本单位，通常来说，一个汉字的读音即为一个音节。普通话常用基本无调音节为 400 个（不包括特殊的辅音、语气词、方言词），有调音节为 1300 多个（不包括轻声）。

2. 音素：语音中最小的单位。普通话中有 32 个音素，其中元音音素 10 个，辅音音素 22 个。

3. 元音：发音时气流在口腔中不受明显阻碍，呼出气流较弱，发音器官肌肉均衡紧张，声带颤动，声音响亮清晰，都是乐音。

4. 单元音：即单纯元音。在发音过程中，音质始终不变的一个元音。它包括一般单纯元音（舌面元音）以及特殊元音。

5. 一般单纯元音：又叫舌面元音，发音过程中舌位的活动在舌面，其发音条件的决定因素包括舌位的高低（口腔开度的开闭）、舌位的前后以及唇形的圆展。其中舌位的高低与口腔的开度的开闭成反比。

6. 舌位：发元音时舌面隆起最高点即最接近上颚的一点，即近颚点。

7. 舌位动程：复合元音的发音过程是由几个元音音素的舌位连续移动而形成的，发音过程中，舌位的前后、高低和唇形的圆展会发生明显的移动、变化。舌位移动的过程叫作舌位动程。

8. 特殊元音：普通话语音中所包括的汉语中特有的以舌尖运动或卷舌动作形成的元音音素。

9. 乐音：发音时，肺部呼出气流，通过气管到喉头使声带颤动而发音，同时经过喉至口唇的声道共鸣而扩大、美化，并由于共鸣腔，主要是口腔形状的变化而产生各种不同音色的声音，这部分声音称为乐音。

10. 噪音：口腔中咬字器官的运动使呼出气流受阻而发出的嘈杂、刺耳的声音。

11. 辅音：音素的一类。发辅音时气流在口腔中明显受到阻碍，呼出气流较强，发音器官对气流构成阻碍的部分肌肉紧张，大部分辅音发音时声带不颤动。普通话中辅音音素有 22 个。

12. 发音部位：发辅音时，口腔对呼出气流构成阻碍的部位。普通话中 22 个辅音音素的发音部位共有 7 处，即：双唇阻、唇齿阻、舌尖前阻、舌尖中阻、舌尖后阻、舌面阻和舌根阻。

13．发音方法：发辅音时呼出气流破除发音部位所构成阻碍的方法。普通话中 22 个辅音音素的发音方法可分为 5 种：塞音、擦音、塞擦音、鼻音和边音。

14．送气与否：配合发音方法对辅音发音条件进行的区分。在塞音和塞擦音中按呼出气流的强、弱区分为送气和不送气两组辅音音素。

15．清浊区分：配合发音方法对辅音发音条件进行区分。清音指发辅音时声带不振动；浊音指发辅音时声带振动。普通话 22 个辅音音素中，只有鼻音 m、n、ng，边音 l，擦音 r 等 5 个辅音音素为浊音，其余 17 个均为清辅音。

16．辅音发音过程：发辅音时，从准备发音到发音结束的过程一般可以分为成阻、持阻、除阻三个阶段。

成阻：发音准备阶段，发辅音过程的开始阶段，即发音过程中阻碍作用开始形成，发音器官从静止或其他状态转到发一种辅音时所必须构成阻碍状态的过程。

持阻：积蓄力量阶段，发辅音过程的中间阶段，即发音过程中阻碍作用的持续，发音器官从开始成阻到最后除阻的一种中间过程。

除阻：完成同时结束，发辅音过程的最后阶段，即发音过程中阻碍作用的解除，发音器官从某种阻碍状态转到原来静止或其他状态的一种过程。

17．声母：按汉语语音学传统分析方法，一个汉语音节起头的辅音叫作声母。普通话有 21 个辅音声母（没有 ng）。

18．零声母：按汉语语音学传统分析方法，把汉语音节中没有辅音声母叫零声母。

19．韵母：按汉语语音学传统分析方法，把汉语音节中声母以后的部分叫作韵母，韵母由单元音或复合音充当。普通话中有 39 个韵母。

20．四呼：按汉语语音学传统分析方法，根据韵母起头元音的唇形特点将韵母分为开口呼、齐齿呼、合口呼、撮口呼四类。四呼即指开、齐、合、撮四类韵母。

21．声调：汉语音节所固有的，可以区别意义的声音的高低和升降。

22．调类：声调的种类，普通话有四个调类，即阴平、阳平、上声、去声。

23．调值：声调的实值，即声调的实际发音，也叫调形。指声音高低、升降、曲直、长短的形式。普通话有高平调、高升调、降升调、全降调四种调值形式，按五度标记法，调值分别为 55、35、214 和 51。

24.语流音变：在语流中，由于受到相邻音节、相邻音素的影响，一些音节中的声母、韵母、声调会发生语音的变化，我们称之为语流音变。

25.轻声：失去了原有的声调而念成较轻、较短的调子。

26.儿化：儿化又称儿化韵，是普通话和某些汉语方言中的一种语音现象，即词的后缀"儿"字不自成音节，而同前面的音节合在一起，使前一音节的韵母成为卷舌韵母。

第三章　语音学声韵分类

（一）辅音发音要领表

辅音发音要领表

发音部位＼发音		双唇阻	唇齿阻	舌尖前阻	舌尖中阻	舌尖后阻	舌面阻	舌根阻
		上唇	上齿	舌尖	舌尖	舌尖	舌面	舌根硬软腭
		下唇	下唇	上门齿背	上门齿龈	前硬腭	硬腭前部	交界处
塞音	不送气	b			d			g
	送气	p			t			k
塞擦音	不送气			z		zh	j	
	送气			c		ch	q	
擦音	清音		f	s		sh	x	h
	浊音					r		
鼻音	浊音	m			n			ng
边音	浊音				l			

（二）普通话语音结构示意图

1. 由语音学角度分析

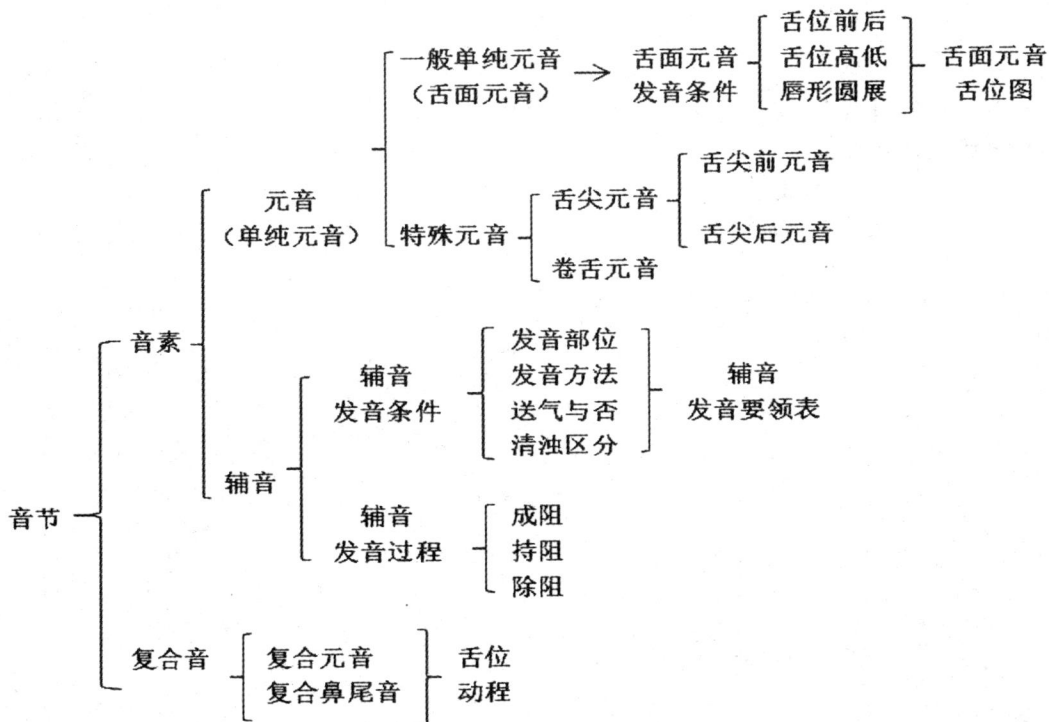

（2）按汉语语音学传统分析：

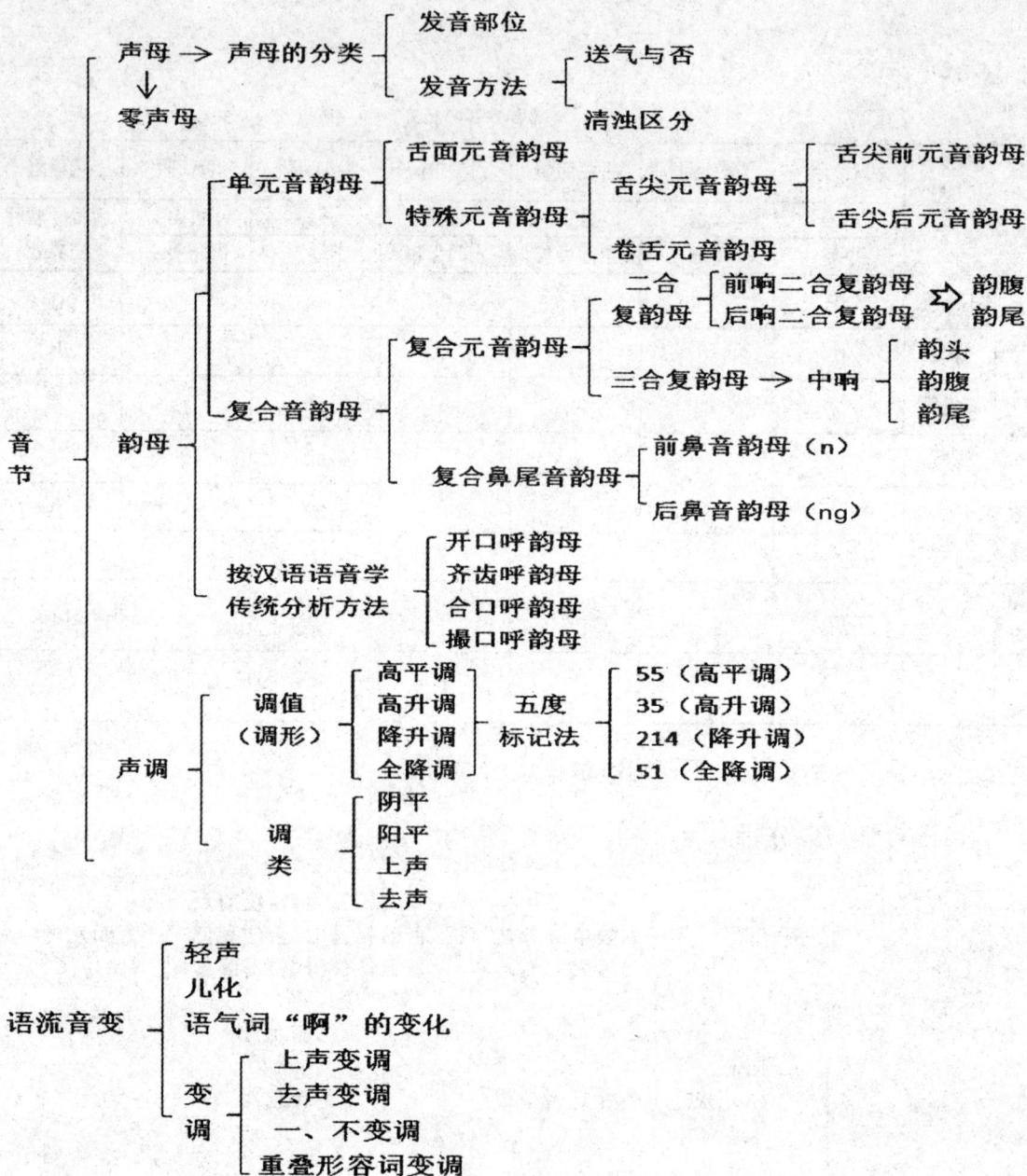

```
音节 ┬ 声母 → 声母的分类 ┬ 发音部位
     │  ↓                  └ 发音方法 ┬ 送气与否
     │ 零声母                        └ 清浊区分
     │
     │ 韵母 ┬ 单元音韵母 ┬ 舌面元音韵母
     │      │            └ 特殊元音韵母 ┬ 舌尖元音韵母 ┬ 舌尖前元音韵母
     │      │                          │              └ 舌尖后元音韵母
     │      │                          └ 卷舌元音韵母
     │      │
     │      │ 复合音韵母 ┬ 复合元音韵母 ┬ 二合复韵母 ┬ 前响二合复韵母 ⇒ 韵腹 韵尾
     │      │            │              │            └ 后响二合复韵母
     │      │            │              └ 三合复韵母 → 中响 ┬ 韵头 韵腹 韵尾
     │      │            │
     │      │            └ 复合鼻尾音韵母 ┬ 前鼻音韵母（n）
     │      │                            └ 后鼻音韵母（ng）
     │      │
     │      └ 按汉语语音学 ┬ 开口呼韵母
     │        传统分析方法 ├ 齐齿呼韵母
     │                    ├ 合口呼韵母
     │                    └ 撮口呼韵母
     │
     └ 声调 ┬ 调值 ┬ 高平调    五度 ┬ 55（高平调）
            │ (调形)├ 高升调  标记法 ├ 35（高升调）
            │      ├ 降升调         ├ 214（降升调）
            │      └ 全降调         └ 51（全降调）
            │
            └ 调类 ┬ 阴平
                   ├ 阳平
                   ├ 上声
                   └ 去声
```

```
语流音变 ┬ 轻声
         ├ 儿化
         ├ 语气词"啊"的变化
         └ 变调 ┬ 上声变调
                ├ 去声变调
                ├ 一、不变调
                └ 重叠形容词变调
```

第四章 声母发音

（一）声母的发音特点

时程短（除擦音外）、音势弱、容易受到干扰，也容易产生"吃字"现象，从而影响语音的清晰度和可懂度。

（二）声母的发音要领

1. 双唇阻发音要领

上唇与下唇成阻，双唇阻声母有 b、p、m。下唇向上运动与上唇接触，双唇闭拢成阻。

2. 二、唇齿阻的发音要领

上门齿与下唇成阻，唇齿阻声母有 f。上唇稍抬，稍露出上齿，下唇向上，唇缘线与上门齿靠拢、接触成阻。

3. 舌尖前阻的发音要领

舌尖与上门齿背成阻，舌尖前阻声母有 z、c、s。舌尖平伸，与上门齿背接触或接近成阻。

4. 舌尖中阻的发音要领

舌尖与前硬腭成阻，舌尖后阻声母有 d、t、n、l。舌尖向前上方抬起与上门齿龈接触、抵住成阻。

5. 舌尖后阻的发音要领

舌尖与前硬腭成阻，舌尖后阻声母有 zh、ch、sh、r。舌体稍向后缩，舌尖向上方翘起，与硬腭前部接触或接近成阻。

6. 舌面阻的发音要领

舌面前部与硬腭前部成阻，舌面阻声母有 j、q、x。舌尖向下前伸抵住下齿背，舌面向上抬起，接触或接近硬腭前部成阻。

7. 舌根阻的发音要领

舌根与硬腭软腭交界处成阻，舌根阻声母有 g、k、h。舌体后缩，舌根隆起与硬腭和软腭交界处接触或接近成阻。

第五章　韵母发音

（一）韵母定义

1. 什么是韵母

按汉语语音学传统分析方法，把汉语音节中声母以后的部分叫作韵母，韵母由单元音或复合音充当。普通话中有 39 个韵母。韵母的主要组成部分是元音，但元音不等于韵母。韵母最少有一个元音，没有元音就没有韵母这一概念了。韵母中也可以有辅音，普通话中只有［n］、［ng］可以做韵尾。

2. 韵头、韵腹和韵尾

韵母可以分为三个部分，即：韵头、韵腹和韵尾，又可以分别叫作介音（头音）、主要元音和尾音。韵母由单元音充当的，这个元音就是韵腹；由两个或三个元音充当韵母时，其中口腔开度最大，声音最响亮的那个元音是韵腹。韵腹前面的元音是韵头，后面的元音或辅音是韵尾，一个韵母可以没有韵头或者韵尾，但是不可以没有韵腹。

3. 复合元音韵母的定义

复合元音韵母简称复韵母，是由两个或三个元音组合而成。单元音发音过程中，舌位的前后、高低以及唇形圆展不应有明显的移动变化。而复合元音的发音过程中，舌位的前后高低和唇形的圆展则要发生连续的移动、变化。我们把舌位移动的过程叫作"舌位的动程"。普通话 13 个复韵母中二合复韵母有 9 个，其中前响二合复韵母有 4 个：ai、ei、ao、ou；后响二合复韵母有 5 个：ia、ie、ua、uo、ue；中响三合复韵母有 4 个：iao、iou、uai、uei。

提示：按汉语拼音方案拼写规则的规定，三合复韵母 iou 和 uei 在拼写时可以简化为 iu 和 ui。我们在发音时一定要注意，因为省掉的正是这两个三合复韵母的韵腹 o 和 e。拼写可以省略，发音时绝不能省略。

4. 鼻韵母定义

带鼻尾音的韵母简称鼻韵母，就是元音音素的后面附带一个鼻辅音做韵尾（尾音）的韵母。普通话韵母只有两个辅音韵尾）- n 和 - ng，都是鼻音。

（二）韵母的发音要领

1. a 发音要领

口腔打开，舌位央低，舌自然放平，舌尖接触下齿龈。舌面中部偏后微微隆起，双唇自然展开。发音时，声带颤动，打开后声腔，软腭上声抬起，关闭鼻腔通路。

2. o 发音要领

口腔半闭，舌位后半高，舌后缩，舌面后部隆起，舌面两边微卷，舌面中部稍凹，发音时声带颤动，上下唇自然拢圆，软腭上升抬起，关闭鼻腔通路。

3. e 发音要领

口腔半闭，舌位后半高，舌后缩，舌面后部隆起，舌面两边微卷，舌面中部稍凹，发音时，声带颤动，嘴角向两边微展，软腭抬起，关闭鼻腔通路。

4. ê（欸）发音要领

口腔半开，舌位前半低，舌尖微触下齿背，舌面前部隆起，嘴角向两边伸展，发音时声带颤动，软腭抬起，关闭鼻腔通路。

5. i 发音要领

口腔开度小，舌位前高，双唇呈扁平形，嘴角向两边展开，舌尖轻触下齿背，舌面前部隆起，发音时，声带颤动，软腭上升，关闭鼻腔通路。

6. u 发音要领

口腔开度小，舌位后高，双唇收缩成圆形，稍向前突，中间留一小孔，舌后缩，舌面后部高度隆起，发音时声带颤动，软腭上升，关闭鼻腔通路。

7. ü 发音要领

口腔开度小，舌位前高，双唇撮圆，略向前突，中部留一扁圆小孔，舌尖抵下齿背，舌面前部隆起，发音时，声带颤动，软腭上升，关闭鼻腔通路。

8. -（前）发音要领

口微开，嘴角向两边展开，舌尖接触下齿背，舌尖前部和上齿背保持适当距离，发音时，声带颤动，软腭上升抬起，关闭鼻腔通路。普通话中，这个韵母只与声母 z、c、s 有拼合关系。

9．- i（后）发音要领

口微开，嘴角向两边展开，舌前端抬起与硬腭前部保持适当距离。发音时声带颤动，软腭上升抬起，关闭鼻腔通路。普通话中，这个韵母只与声母 zh、ch、sh、r 有拼合关系。

10．er 发音要领

口腔自然打开，舌位不前不后、不高不低，舌前部上抬，舌尖向后卷，卷向硬腭，但不接触。发音时，声带颤动，软腭上升抬起，关闭鼻腔通路。注意：er 音节下的汉字实际读音应分为两类：

（1）数字"二"的读音应为［ɑr］。

（2）其余汉字读音均为［ər］。

（三）复韵母发音的特点

复韵母的发音不是简单的两个或三个元音的相加，而是舌位唇形由一个元音滑动、变化到另一个元音，没有哪一个元音单独、明确地表现出来。标志起始的元音，从发音开始，舌位、唇形已经开始了移动、变化，没有独立存在的时间，音色已经开始了变化。而标志终止的元音，是舌位、唇形移动，变化到这一位置发音已经结束，也没有独立存在的时间。三合复元音标志舌位唇形移动变化转折点的中间一个元音音素，则是在连续移动、变化中的一个点，也没有独自展现的时间。同时，在实际发音过程中，处于中间转折位降的元音音素，它的舌位、唇形也不再是发单元音时的"标准"位置，而是向起始和终止元音音素偏移、变化。

无论二合复韵母还是三合复韵母，一个复前母中总有一段元音成分在发音过程中口腔开度最大，声音最响亮，而且发前持续时间较长。我们把它叫作"韵腹"。二合复韵母中开头响亮、清晰的叫前响二合复韵母。从发声上来说，这是一组先强后弱的二合元音。而收尾响亮、清晰的叫后响二合复韵母。从发音上来说，这是一组先弱后强的二合元音。三合复韵母，在普通话中必定是中间的一段最响亮、清晰的，中响三合复韵母，发音时由弱到强，再由强到弱。

（四）带鼻尾音韵母发音的特点

鼻韵母发音时要注意鼻辅音做韵尾和它前面的元音音素结合很紧密，元音音素和鼻尾音之间不是简单的相加关系，而是有舌位移动的过程。由于鼻辅音发音时声带颤动，可以延长（做韵尾时不延长），不同于其他辅音，本来就有"次元音""准元音"的说法。另外，由于这两个鼻辅音所处的位置是韵尾，所以发音时，呼出气流要减弱，不同于辅音处于声母位置时的发音。还有，辅音发音时，对呼出气流构成阻碍的部分肌肉紧张，而处在韵尾辅音发音时肌肉变得比较松弛，所以和元音的衔接、复合应该很容易，并没有拼凑的痕迹。

鼻韵母发音时，在由元音舌位向鼻辅音韵尾移动时，元音音素发音的后半段由于受到后面鼻辅音的影响，会出现一段较短的半鼻化（半鼻音）作为过渡的过程，这是语音结合过程中必然出现的现象。但在语音训练中要注意强调体会鼻尾音的发音和听觉感觉的性质，不能丢掉鼻尾音，更不能把鼻尾音直接发成员化元音。

带鼻尾音 n 的韵母简称为前鼻音韵母，带鼻尾音 ng 的韵母简称为后鼻音韵母。在普通话中前后鼻音韵母有辨义作用，所以一定要注意区分清楚，发音准确。

元音接续鼻尾音的过程，是由舌面前部或舌根抬起来完成的，不可以用下颌的运动，改变口腔开度来"帮助"舌的运动。

另外，需要明确普通话中，鼻辅音 n 既可以做声母又可以做前尾，而两者的发音状态不完全一样。n 做声母时发音部位为舌尖中阻，n 做韵尾时发音部位则要稍偏后一些；n 做声母时，须除阻后与后面的韵母相拼合，而 n 做韵尾时没有除阻过程，而是发音渐弱而终止。

第六章 声调

（一）什么是声调

世界语言可分为语调语言和声调语言两大类。语调语言中的旋律音调模式是句子结构的一部分，而不是词的一部分。声调语言中的声调类型主要是词的结构（包括单字和词）的一部分，而不是句子结构的一部分。语调语言中的旋律模式并没有太严格的规律。声调语言中的声调类型则比较稳定。汉语属声调语言。在现代汉语语音学中，声调指的是：汉语音节所固有的，可以区别意义的声音的高低和升降。声调贯穿音节始终，主要作用在韵腹上。汉语的一个音节基本上就是一个汉字，所以声调又叫字调。声调是汉语音节结构中不可缺少的成分，它同声母、韵母一样，有区别意义的作用。

（二）声调的性质和特点

声调和音长、音强都有关系，但它的性质主要决定于音高。在汉语普通话音节中，音长不具有区别意义的作用。音高的变化，是由于发音时声带的松紧变化。发音时声带越紧，在单位时间内颤动的次数就越多，声音的频率就越高，声调就越高。发音时，声带越松，在单位时间内颤动的次数就越少，声音的频率就越低，声调就越低。

发音过程中，声带可以先松后紧，或先紧后松，还可以松紧相间。这样按一定规律造成的种种不同的音高变化，就构成了各种不同的声调。

声调的高低和音乐中音阶的音高是有区别的。同样是音高的变化，声调的音高变化是相对的，不要求音高频率的绝对值。由于人的嗓音高低各不相同，声调高低并不是要求人人发得同样高。女性和儿童由于声带比成年男性要短一些、窄一些、薄一些，所以他们的声调音高要比成年男性高一些；同一个人情绪紧张、激动时，声带会控制得紧一些，所以这时他的声调音高要比情绪平和时高一些。音阶的高低变化则是绝对的，不变的。另外，声调的音高变化包括上升、下降等，升降变化的形式是逐渐滑动的变化。音乐中音阶的移动、变化，则常常表现为跳跃式的变化。

（三）普通话的调类和调值

调类指的是对声调的分类，调类的名称只代表某种汉语方言声调的种类，而不表示实际的调值。普通话声调可分为 4 类，分别是阴平、阳平、上声和去声。

调值也叫调形，指的是声调高低、升降、曲直的变化，也就是声调的实际读法。

调值通常采用五度标记法记录。用一条竖线表示声音的高低，由下面最低点到最高点共分为五度，即低、半低、中、半高、高，分别用 1、2、3、4、5 依次表示。（如图）普通话各类声调的调值为：

阴平：高平调——55

阳平：高升调——35

上声：降升调——214

去声：全降调——51

（四）五度标记法

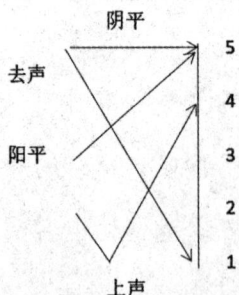

（五）普通话声调发音要领

阴平：高平调（55），声音基本上高而平，由 5 度到 5 度，大体没有升降变化。实际发音在起音后略升高一点儿，末尾稍有一点儿降的趋势，首尾差别不大。全调时值比上声、阳平略短，比去声稍长。阴平的发音很重要，如发得不准将影响其他声调的调值。普通话测试中音高必须一样，否则算错。

阳平：高升调（35）。声音由中高音升到高音，由 3 度到 5 度。阳平发音起调略高，逐渐升高，升到最高。全调时值比阴平、去声稍长，比上声略短。发好阳平关键在于起调要保持较高，升高时要直接上升不要拐弯儿曲线上升。

上声：降升调（214）。发音时，由半低起调，先降到最低，然后再升到半高音，由 2 度降到 1 度再升到 4 度。上声是普通话四个声调中唯一有弯曲变化，先降后升的声调。全调时值在四个声调中最长。发好上声在于起调要较低，还要能降下来，再扬上去。上声调的降升变化是平滑的弯曲变化，尤其在降到最低再扬起的过程，即由 1 度升到 4 度的过程，不要有折起的硬拐弯儿的感觉。另外由 1 度升到 4 度的过程是音高逐渐升高，而音量逐减，到最后变为升高的一种趋势，不能随音高升高而逐渐加大音量。上声是普通话四个声调中较难掌握，而且在语流中变化较多的一个声调。先掌握好上声本调的发音是最关键的。

去声：全降调（51）。发音时，声音由高音降到最低，由 5 度降到 1 度。全调时值在普通话四个调类中最短。发好去声的关键在于起调要高，迅速下降。要干脆，不能拖沓。

（六）声调练习中的注意事项

普通话四个声调的发音过程中容易出现的问题一般在于，阴平调值不够高，阳平拐弯上不去，上声硬拐弯，去声下不来。

普通话四个声调的发音，还需要注意调值高低抑扬的变化要和气息控制结合起来。应做到：

阴平：起音高平莫低昂，气势平均不紧张。

阳平：从中起音向上扬，用气弱起逐渐强。

上声：上声先降转上挑，降时气稳扬时强。

去声：高起直降向低唱，强起到弱气通畅。

第七章　综合练习

（一）声母练习

b

单音节：播　布　北　宾　班　标　贝　别　崩　笨

双音节：播报　奔波　标兵　辨别　百倍　斑驳　板报　包办　北部　蚌埠

四音节：包罗万象　暴跳如雷　悲欢离合　跋山涉水　百发百中　半路出家

p

单音节：平　盘　胖　排　批　漂　盆　坡　砰　拍

双音节：排炮　澎湃　批判　乒乓　偏旁　爬坡　平盆　婆婆　拼盘　偏僻

四音节：旁观者清　匹夫有责　抛砖引玉　跑马观花　披星戴月　萍水相逢

m

单音节：妈　慢　门　明　米　谬　满　谋　美　灭

双音节：明媚　美满　美妙　弥漫　茂密　命脉　埋没　面貌　秘密　买卖

四音节：埋头苦干　满城风雨　民富国强　马到成功　满面春风　弥天大谎

f

单音节：发　房　奋　佛　风　分　否　翻　冯　法

双音节：吩咐　非凡　芬芳　丰富　方法　反复　发放　肺腑　犯法　防范

四音节：发扬光大　翻来覆去　反复无常　防患未然　飞沙走石　飞扬跋扈

d

单音节：搭　担　到　得　灯　叨　丢　调　斗　多　肚　电

双音节：等待　单调　到达　断定　当代　道德　大地　顶端　抵挡　电灯

四音节：大刀阔斧　大功告成　大公无私　大开眼界　大书特书　点石成金

t

单音节：推　吞　坛　淌　逃　铁　图　土　停　特　台　团

双音节：天堂　探听　跳台　团体　梯田　体贴　推托　探讨　铁蹄　吞吐

四音节：谈虎色变　铁证如山　通宵达旦　同甘共苦　同流合污　同舟共济

n

单音节：哪　奴　奶　闹　难　能　农　娘　牛　内　南　您

双音节：牛奶　南宁　难弄　男女　能耐　恼怒　泥泞　扭捏　奶娘　奶牛

四音节：南腔北调　南征北战　难分难解　难能可贵　能说会道　能者多劳

l

单音节：拉　铃　来　列　驴　楼　罗　老　栾　领　刘　吕

双音节：理论　流利　玲珑　罗列　冷落　劳力　留意　榴梿　绿柳　勒令

四音节：来者不拒　劳而无功　劳苦功高　老态龙钟　冷若冰霜　离题万里

g

单音节：哥　钢　耕　姑　干　公　更　古　关　光　广　工

双音节：改革　巩固　高贵　光顾　公共　感观　规格　灌溉　公告　骨骼

四音节：甘心情愿　甘拜下风　感人肺腑　高歌猛进　高谈阔论　歌功颂德

k

单音节：考　坑　课　口　空　枯　坎　扣　宽　看　卡　框　哭　渴

双音节：开垦　宽阔　刻苦　可靠　空旷　坎坷　困苦　开口　慷慨　苛刻

四音节：开卷有益　开门见山　开源节流　侃侃而谈　康庄大道　可歌可泣

h

单音节：海 哈 杭 好 河 湖 欢 画 吼 很 坏 灰 怀 还

双音节：欢呼 荷花 航海 绘画 浑厚 红花 黄海 黄昏 悔恨 含混

四音节：海枯石烂 海阔天空 海誓山盟 骇人听闻 汗马功劳 好景不长

j

单音节：江 机 家 街 景 金 炯 居 捐 叫 脚 决 俊 俭

双音节：加紧 境界 交际 简洁 家兴 经济 集结 即将 建交 积极

四音节：饥寒交迫 积少成多 集思广益 济济一堂 驾轻就熟 箭在弦上

q

单音节：青 亲 欺 桥 枪 情 球 去 全 缺 取 窃 前 恰

双音节：亲切 恰巧 请求 轻巧 情趣 秋千 崎岖 求亲 气球 齐全

四音节：七上八下 其貌不扬 奇耻大辱 取之不尽 奇珍异宝 旗鼓相当

x

单音节：先 西 香 新 兴 凶 修 小 宣 许 雪 休 校 消

双音节：学习 形象 相信 虚心 新鲜 先行 休息 消息 详细 细问

四音节：熙熙攘攘 喜出望外 兴高采烈 细水长流 下马观花 先声夺人

zh

单音节：赵 超 郑 知 中 朱 专 庄 周 重 抓 追 扎 摘

双音节：庄重 主张 政治 转折 指针 战争 支柱 挣扎 郑重 状纸

四音节：掌上明珠 招兵买马 振振有词 争先恐后 珠圆玉润 郑重其事

ch

单音节：产 吵 车 陈 程 冲 除 船 吹 春 查 揣 床 抽

双音节：超产 长城 船厂 穿插 车床 出产 长处 乘车 拆穿

四音节：触类旁通 长篇大论 长期共存 畅所欲言 陈词滥调 沉默寡言

sh

单音节：沙　蛇　筛　省　双　书　生　上　顺　山　水　晌　赏　诗

双音节：山水　双手　闪烁　神圣　沙石　绅士　手术　赏识　审视　少数

四音节：深入人心　神采奕奕　身价百倍　实事求是　史无前例　始终不解

r

单音节：日　入　如　忍　软　荣　让　然　若　柔　辱　苒　弱　儒

双音节：仍然　柔韧　容忍　闰日　荣辱　扰攘　如若　荏苒　软弱　忍让

四音节：入情入理　若无其事　若有所思　如愿以偿　如闻其声　如箭在弦

Z

单音节：栽　脏　遭　贼　怎　增　宗　资　租　嘴　尊　钻　则　走　咱

双音节：藏族　宗教　总则　自尊　钻洞　祖宗　自足　造作　组织　最早

四音节：自得其乐　再接再厉　责无旁贷　自告奋勇　座无虚席　坐吃山空

C

单音节：猜　擦　参　仓　策　涔　此　粗　摧　村　匆　凑　搓　蹭

双音节：层次　粗糙　摧残　仓促　措辞　苍翠　草丛　参差　从此　猜测

四音节：惨不忍睹　沧海桑田　草木皆兵　侧目而视　此起彼伏　藏头露尾

S

单音节：撒　三　桑　涩　松　思　苏　孙　四　色　扫　塞　酸　梭

双音节：色素　洒扫　琐碎　松散　三思　思索　四散　搜索　诉讼　送死

四音节：司空见惯　丝丝入扣　死里逃生　死去活来　四面楚歌　四通八达

（二）难点：声母对比训练

1. 送气音和不送气音的分辨

字词训练

（1）两字词的比较

b、p	被服—佩服	饱了—跑了	步子—铺子	鼻子—皮子
d、t	队伍—退伍	调动—跳动	河道—河套	肚子—兔子
g、k	挂上—跨上	关心—宽心	天公—天空	干完—看完
j、q	尖子—扦子	吉利—奇丽	长江—长枪	精华—清华
zh、ch	摘花—拆花	扎针—插针	大志—大翅	竹纸—竹尺
z、c	子弟—此地	大字—大刺	坐落—错落	清早—清草

（2）两字词的连用

b、p	编排	被迫	奔跑	爆破
p、b	陪伴	配备	破败	盘剥
d、t	代替	地毯	带头	灯塔
t、d	偷盗	坦荡	态度	天地
g、k	赶快	港口	功课	高亢
k、g	肯干	客观	考古	开工
j、q	机器	价钱	近亲	坚强
q、j	千斤	勤俭	抢救	请假
zh、ch	支持	专长	战船	征程
ch、zh	吃斋	车站	城镇	沉重
z、c	字词	早餐	杂草	资财
c、z	参赞	存在	刺字	操纵

2. 平舌音与翘舌音的分辨

字词训练

（1）两字词的比较

z、zh	自力—智力	栽花—摘花	短暂—短站	小邹—小周
c、ch	仓皇—猖狂	一层——成	藏身—长生	有刺—有翅
s、sh	四十—事实	散光—闪光	三哥—山歌	塞子—筛子

（2）两字词的连用

z、zh	组织	杂志	再植	赞助
zh、z	振作	装载	种族	制造
c、ch	蚕虫	操场	财产	擦车
ch、c	炒菜	冲刺	尺寸	陈词
s、sh	桑树	算术	宿舍	松鼠
sh、s	神色	失散	深思	哨所

3. 翘舌音与舌面音的分辨

字词训练

（1）两字词的比较

zh、j	标志—标记	朝气—娇气	短站—短剑	杂志—杂技
ch、q	长生—强身	池子—旗子	船身—全身	痴人—奇人
sh、x	诗人—昔人	湿气—吸气		

（2）两字词的连用

zh、j	战舰	章节	真假	折旧
j、zh	价值	急诊	加重	记者
ch、q	插曲	初期	唱腔	常情
q、ch	启程	球场	汽车	清澈

zh、j	战舰	章节	真假	折旧
sh、x	水仙	顺心	升学	瘦小
x、sh	协商	显示	欣赏	兴盛

4. 舌面音的辨析

字词训练

（1）两字词的练习

j	嘉奖	健将	讲解	简洁
q	亲切	轻巧	气球	秋千
x	新鲜	雄心	相信	行销

（2）混合练习

j、q	坚强	解劝	进取	就寝
j、x	焦心	酒席	俊秀	迹象
q、j	清洁	奇迹	起居	巧计
q、x	抢先	前线	亲信	取消
x、j	消极	细节	先进	夏季
x、q	稀奇	戏曲	向前	小桥

5. 舌尖前音的辨析

字词训练

（1）两字词的练习

z	最早	总则	造作	曾祖
c	苍翠	草丛	寸草	从此
s	思索	僧俗	搜索	琐碎

（2）混合练习

z、c	杂草	早餐	遵从	座次
z、s	棕色	走私	阻塞	砸碎
c、z	参杂	嘈杂	存在	操作
c、s	醋酸	蚕丝	厕所	粗俗
s、z	塞子	散座	四则	色泽
s、c	私藏	松脆	色彩	酸菜

6. 唇齿音 f 和舌根音 h 的分辨

字词训练

（1）两字词的比较

f、h	开发—开花	开方—开荒	公费—公会	废话—绘画

（2）两字词的连用

f、h	发挥	繁华	凤凰	饭盒
h、f	恢复	会费	回访	豪放

7. 鼻音 n 和边音 l 的分辨

字词训练

（1）两字词的比较

n、l	女客—旅客	男子—篮子	难住—拦住	留念—留恋

（2）两字词的连用

n、l	尼龙	脑力	能量	暖流
l、n	烂泥	辽宁	老年	留念

（三）声母综合训练

为了有侧重地突破声母的难点与重点，特意选取了绕口令、古诗词、句段练习来强化训练，目的是达到语句表达中的规范与自如。

1. 绕口令

除了字、双音节词、四字成语以外，绕口令在练声中也是必不可少的，它属于流传于民间的口头文学，语言生动、形象，富于变化。有关声母的绕口令可以用来练习发音部位和发音方法的准确性。练习时要有针对性的进行选择，先通读一遍，找到毛病所在，从慢速开始，从说清意思开始，逐渐加快节奏。练习时应与气息结合起来进行。

（1）双唇阻的练习

八百标兵 （b，p）

bā bǎi biāo bīng bèn běi pō
八　百　标　兵　奔　北　坡　，

pào bīng bìng pái běi biān pǎo
炮　兵　并　排　北　边　跑　。

pào bīng pà bǎ biāo bīng pèng
炮　兵　怕　把　标　兵　碰　，

biāo bīng pà pèng pào bīng pào
标　兵　怕　碰　炮　兵　炮　。

（2）唇齿阻的练习

huà　fèng　huáng
画　凤　凰　（f）

fěn　hóng　qiáng　shàng　huà　fèng　huáng
粉　红　墙　上　画　凤　凰　　，

fèng　huáng　huà　zài　fěn　hóng　qiáng
凤　凰　画　在　粉　红　墙　　。

hóng　fèng　huáng　　fěn　fèng　huáng
红　凤　凰　、粉　凤　凰　　，

hóng　fěn　fèng　huáng　　huā　fèng　huáng
红　粉　凤　凰　、花　凤　凰　　。

（3）舌尖中阻的练习

dǎ　tè　dào
打　特　盗　（d，t）

diào　dào　　dí　dǎo　dǎ　tè　dào
调　到　　敌　岛　打　特　盗　　，

tè　dào　tài　diāo　tóu　duǎn　dāo
特　盗　太　刁　投　短　刀　　。

dǎng　tuī　dǐng　dǎ　duǎn　dāo　diào
挡　推　顶　打　短　刀　掉　　，

tà　dào　dé　dāo　dào　dǎ　dǎo
踏　盗　得　刀　盗　打　倒　　。

• 27 •

（4）舌根阻的练习

gē kuà guā kuāng guò kuān gōu
哥 挎 瓜 筐 过 宽 沟 （g，k）

gē kuà guā kuāng guò kuān gōu
哥 挎 瓜 筐 过 宽 沟 ，

gǎn kuài guò gōu kàn guài gǒu
赶 快 过 沟 看 怪 狗 。

guāng kàn guài gǒu guā kuāng kòu
光 看 怪 狗 瓜 筐 扣 ，

guā gǔn kuāng kōng gē guài gǒu
瓜 滚 筐 空 哥 怪 狗 。

（5）舌面阻的练习

qī jiā yī
七 加 一 （j，q）

qī jiā yī qī jiǎn yī
七 加 一 ， 七 减 一 ，

jiā wán jiǎn wán děng yú jǐ
加 完 减 完 等 于 几 ？

qī jiā yī qī jiǎn yī
七 加 一 ， 七 减 一 ，

jiā wán jiǎn wán hái shì qī
加 完 减 完 还 是 七 。

（6）舌尖后阻的练习

学 时 事 （zh，ch，sh）
xué shí shì

史 老 师 ， 讲 时 事 ，
shǐ lǎo shī jiǎng shí shì

常 学 时 事 长 知 识 。
cháng xué shí shì zhǎng zhī shí

时 事 学 习 看 报 纸 ，
shí shì xué xí kàn bào zhǐ

报 纸 登 的 是 时 事 ，
bào zhǐ dēng de shì shí shì

心 里 装 着 天 下 事 。
xīn lǐ zhuāng zhe tiān xià shì

（7）舌尖前阻的练习

做 早 操 （z，c）
zuò zǎo cāo

早 晨 早 早 起 ，
zǎo chén zǎo zǎo qǐ

早 起 做 早 操 。
zǎo qǐ zuò zǎo cāo

人 人 做 早 操 ，
rén rén zuò zǎo cāo

做 操 身 体 好 。
zuò cāo shēn tǐ hǎo

2. 古诗词

lù chái
路 柴

táng wáng wéi
（唐）王 维

kōng shān bù jiàn rén
空 山 不 见 人 ，

dàn wén rén yǔ xiǎng
但 闻 人 语 响 。

fǎn jǐng rù shēn lín
返 景 入 深 林 ，

fù zhào qīng tái shàng
复 照 青 苔 上 。

sù jiàn dé jiāng
宿 建 德 江

táng mèng hào rán
（唐）孟 浩 然

yí zhōu bó yān zhǔ
移 舟 泊 烟 渚 ，

rì mù kè chóu xīn
日 暮 客 愁 新 。

yě kuàng tiān dī shù
野 旷 天 低 树 ，

jiāng qīng yuè jìn rén
江 清 月 近 人 。

七步诗
qī bù shī

（魏晋）曹植
wèi jìn cáo zhí

煮豆燃豆萁，
zhǔ dòu rán dòu qí

豆在釜中泣；
dòu zài fǔ zhōng qì

"本是同根生，
běn shì tóng gēn shēng

相煎何太急！"
xiāng jiān hé tài jí

忆江南
yì jiāng nán

（唐）白居易
táng bái jū yì

江南好，风景旧曾谙。
jiāng nán hǎo fēng jǐng jiù cén ān

日出江花红胜火，
rì chū jiāng huā hóng shèng huǒ

春来江水绿如蓝。
chū lái jiāng shuǐ lù rú lán

能不忆江南。
néng bù yì jiāng nán

乌 衣 巷

（唐）刘 禹 锡

朱 雀 桥 边 野 草 花 ，

乌 衣 巷 口 夕 阳 斜 。

旧 时 王 谢 唐 前 燕 ，

飞 入 寻 常 百 姓 家 。

江 南 春

（唐）杜 牧

千 里 莺 啼 绿 映 红 ，

水 村 山 郭 酒 旗 风 。

南 朝 四 百 八 十 寺 ，

多 少 楼 台 烟 雨 中 。

3. 句段训练

要求：字音规范，内容连贯。

tiān é hú zài jiǔ zhài gōu yòu cè de zuì shàng
天 鹅 湖 ， 在 九 寨 沟 右 侧 的 最 上

duān sì miàn sǒng lì de shān fēng bǎ yì chí hú
端 。 四 面 耸 立 的 山 峰 ， 把 一 池 湖

shuǐ qīng qīng de hē hù zhe luǒ lòu zài kuàng yě
水 轻 轻 地 呵 护 着 ， 裸 露 在 旷 野 。

měi dào hòu niǎo běi qù huò nán fēi de jì jié zǒng
每 到 候 鸟 北 去 或 南 飞 的 季 节 ， 总

shì xǐ huān zài zhè lǐ zuò duǎn zàn de tíng liú yǎng
是 喜 欢 在 这 里 做 短 暂 的 停 留 ， 养

jīng xù ruì rán hòu zhǎn chì yuǎn xíng
精 蓄 锐 ， 然 后 展 翅 远 行 。

yǐ jīng yǐn nì zài yè sè zhōng de gǔ zhèn zài
已 经 隐 匿 在 夜 色 中 的 古 镇 ， 在

qī cǎi de yàn huǒ zhào yào xià miàn mù yī xīn shùn
七 彩 的 焰 火 照 耀 下 面 目 一 新 ， 瞬

xī wàn biàn yuán běn mò yī bān qī hēi de wū jǐ
息 万 变 。 原 本 墨 一 般 漆 黑 的 屋 脊 ，

cǐ shí rú tóng bèi cǎi xiá fú zhào de qún shān níng
此 时 如 同 被 彩 霞 拂 照 的 群 山 ， 凝

zhòng de mò xiàn biàn chéng le huó pō liú dòng de
重 的 墨 线 变 成 了 活 泼 流 动 的

cǎi guāng
彩 光 。

（四）单韵训练

a

单音节：阿 巴 怕 妈 发 搭 他 拉 嘎 喀 哈 扎 叉 沙

双音节：发达 打靶 喇叭 砝码 打卡 哈达 爸爸 妈妈 拉萨 沙发

四音节：八面玲珑 跋山涉水 茶余饭后 大有作为 大智若愚 煞有其事

o

单音节：噢 泼 播 摸 佛 坡 破 勃 叵 摩 婆 迫 膜 墨

双音节：薄膜 磨破 伯伯 婆婆 默默 菠萝 薄弱 破获 萝卜 泼墨

四音节：莫名其妙 莫逆之交 默默无闻 模棱两可 博学多才 博古通今

e

单音节：哥 渴 乐 德 车 奢 热 瑟 遮 鹅 喝 策

双音节：特赦 折合 特色 客车 色泽 割舍 合格 苛刻 隔阂 瑟瑟

四音节：责无旁贷 刻骨铭心 得心应手 歌舞升平 可歌可泣 克己奉公

ê

单音节：节 切 撇 别 雪 缺 接 绝 靴 些 怯 雀

双音节：谢谢 借阅 确切 雪夜 雀跃 约略 学界 协约 决绝 略写

四音节：锲而不舍 邪不压正 绝处逢生 确有其事 跃马扬鞭 戒骄戒躁

i

单音节：衣 戏 笔 器 稀 低 泥 比 鼻 批 梯 基 西 士

双音节：袭击 离奇 立即 秘密 起义 笔记 地理 机器 激励 霹雳

四音节：立竿见影 地大物博 一技之长 急中生智 比比皆是 毕恭毕敬

u

单音节：促 出 肚 路 姑 苦 入 哭 未 书 苏 补 乌 服

双音节：突出 互助 图书 出路 读书 糊涂 出租 孤独 补助 粗鲁

四音节：不共戴天 不动声色 不亦乐乎 不速之客 不在话下 不耻下问

ü

单音节：菊 女 吕 虚 屈 居 拘 迂 巨 据 剧 取 鞠 桔

双音节：区域 聚集 序曲 语句 具体 聚居 旅居 女皇 旅行 沮丧

四音节：举目无亲 举棋不定 举世无双 举一反三 局促不安 举足轻重

er

单音节：儿　耳　二　尔　而　洱

双音节：儿女　而且　耳朵　儿戏　耳语　二十　二胡　儿童　而后　洱海

四音节：耳目一新　耳濡目染　耳听八方　出尔反尔　耳闻目睹　尔虞我诈

-i（前）〔ʅ〕×

单音节：资　词　思　紫　此

双音节：私自　四次　子嗣　次子　此次

四音节：孜孜不倦　慈眉善目　丝丝入扣　自以为是　恣意妄为　词不达意

-i（后）〔ɿ〕×

单音节：只　吃　日　实　知　事

双音节：支持　日食　食指　市尺　智齿

四音节：实事求是　视而不见　赤子之心　执迷不悟　痴人说梦　时不我待

ai

单音节：白　拍　买　柴　妈　开　来　摘　改　该　海　拆　灾　晒

双音节：彩排　开采　买卖　灾害　海带　白菜　晒台　拍卖　拆台　爱戴

四音节：爱莫能助　爱屋及乌　塞翁失马　爱憎分明　拍手称快　哀鸿遍野

ei

单音节：杯　梅　黑　内　非　贼　胚　累　飞　贝　媚　给　雷　北

双音节：配备　肥美　蓓蕾　黑煤　妹妹　背煤　北美　北非　贝类

四音节：黑白分明　悲欢离合　飞黄腾达　飞沙走石　飞扬跋扈　费尽心机

ao

单音节：包　抛　猫　刀　掏　脑　老　考　绕　高　熬　耗　招　抄

双音节：报告　高潮　逃跑　高考　早操　号召　照抄　劳保　报到　操劳

四音节：劳而无功　老成持重　老生常谈　草木皆兵　报仇雪恨　饱食终日

ou

单音节：凑 搜 柔 抽 收 舟 谋 候 沟 扣 偷 楼 兜 否 剖

双音节：收购 抖擞 欧洲 漏斗 口头 丑陋 豆蔻 走漏 喉头

四音节：心口如一 一筹莫展 手舞足蹈 臭名远扬 手疾眼快 手忙脚乱

ia

单音节：俩 家 恰 瞎 嗲 呀 甲 压 下 牙 峡 哑 虾

双音节：假牙 加价 夏家 恰恰 下车 假设

四音节：驾轻就熟 嫁祸于人 恰到好处 价廉物美 家喻户晓 恰如其分

ie

单音节：爹 铁 列 切 耶 些 贴 聂 茄 洁 别 撇 灭 斜

双音节：贴切 借鞋 结业 谢谢 姐姐 节烈 铁鞋 斜街 结节 趔趄

四音节：铁面无私 夜长梦多 解放思想 锲而不舍 喋喋不休 切磋琢磨

ua

单音节：夸 花 抓 蛙 刷 华 瓜 垮 袜 耍 挖 刮

双音节：花袜 耍滑 娃娃 瓜分 画画 刷牙 抓紧 夸奖

四音节：画龙点睛 抓耳挠腮 花好月圆 画饼充饥 哗众取宠 夸夸其谈

uo

单音节：多 托 罗 郭 过 妥 垛 窝 阔 所 错 昨 若 说 绰 桌 活

双音节：着落 活泼 哆嗦 过错 没落 错过 蹉跎 硕果 作战 夺取

四音节：脱颖而出 如火如荼 如获至宝 落井下石 落落大方 落花流水

üe

单音节：决 缺 月 虐 靴 雪 约 略 珏 薛 岳 阅 学 掠

双音节：月缺 乐章 悦耳 雪夜 学界 决策 跃进 约束 月亮

四音节：绝无仅有 雪上加霜 绝路逢生 略胜一筹 略见一斑 确凿不移

iao

单音节：飘 秒 小 交 巧 刁 表 妙 跳 敲 笑 叫 标

双音节：巧妙 苗条 逍遥 小鸟 教条 脚镣 娇小 吊桥 疗效 叫嚣

四音节：表里如一 标新立异 雕虫小技 咬文嚼字 调虎离山 调兵遣将

iou

单音节：丢 牛 谬 刘 纠 秀 球 溜 修 优 秋 舅 柳 久 有

双音节：绣球 牛油 悠久 舅舅 优秀 求救 妞妞

四音节：有声有色 流芳百世 流连忘返 救死扶伤 流言蜚语 龙盘虎踞

uai

单音节：快 拽 揣 乖 槐 衰 怪 歪 甩 拐 坏 踝 块 踹

双音节：外快 怀揣 摔坏 乖乖 外宾 甩卖 率领 衰败 快速 揣摩

四音节：宽大为怀 外强中干 拐弯抹角 快马加鞭 苦尽甘来 脍炙人口

uei

单音节：愧 规 推 堆 追 吹 悔 水 催 嘴 威 虽 回 退

双音节：回归 回味 摧毁 垂危 水位 翠微 溃退 醉鬼

四音节：绘声绘色 对答如流 推陈出新 归心似箭 追悔莫及 退避三舍

an

单音节：三 山 兰 干 反 般 满 安 担 坎 上 寒 然 产 餐 咱

双音节：汗衫 展览 散漫 漫谈 淡蓝 感染 反叛 难堪

四音节：安居乐业 暗箭伤人 东山再起 暗送秋波 半路出家 半信半疑

en

单音节：恩 奔 本 喷 盆 门 芬 焚 陈 坟 粉 粪 跟 肯

双音节：深沉 认真 根本 愤恨 沉闷 振奋 分神 审慎 人参

四音节：分门别类 分秒必争 纷至沓来 奋不顾身 身不由己 身体力行

ian

单音节：烟 沿 眼 颜 研 严 艳 雁 砚 扁 片 面 点 电
双音节：电线 简便 偏见 年限 鲜艳 牵连 减免
四音节：年富力强 坚持不懈 天涯海角 先声夺人 天造地设 颠沛流离

in

单音节：音 民 尹 印 滨 彬 拼 贫 品 阴 抿 敏 闽 泯 您
双音节：亲近 拼音 信心 濒临 尽心 金银 亲信 殷勤 贫民 民心
四音节：饮水思源 引人注目 彬彬有礼 宾至如归 隐姓埋名 引古证今

uan

单音节：弯 万 完 断 婉 顽 晚 湾 端 短 玩 段 湍 团 暖
双音节：贯穿 软缎 乱串 婉转 转弯 专断 专款 转换 传唤 宦官
四音节：欢天喜地 欢欣鼓舞 缓兵之计 关门大吉 冠冕堂皇 官样文章

uen

单音节：温 盾 闻 稳 问 敦 文 吞 屯 轮 棍 捆 昏 浑 谆
双音节：春笋 混沌 温顺 昆仑 论文 温存 滚滚 吞吐 春色 村庄
四音节：顿开茅塞 魂飞胆裂 浑然一体 混淆视听 温文尔雅 文过饰非

üan

单音节：员 远 全 捐 宣 圈 渊 元 原 娟 绢 犬 选 眩 劝
双音节：源泉 圆圈 全权 渊源 愿望 捐献 劝说 宣传 渲染
四音节：全力以赴 全神贯注 全心全意 卷土重来 原封不动 旋乾转坤

ün

单音节：晕 云 韵 匀 群 蕴 允 运 熨 孕 军 骏 陨 裙
双音节：军训 均匀 运动 云雀 询问 熏陶 寻衅 云云 军队 群体
四音节：循序渐进 寻根究底 群魔乱舞 群龙无首 运用自如 群策群力

ang

单音节：昂 帮 傍 旁 胖 忙 放 乓 邦 蟒 方 档 唐 躺

双音节：长江 厂房 沧桑 帮忙 盎然 党章 长方 昂首 昂然 昂贵

四音节：不卑不亢 不上不下 畅所欲言 长期共存 长生不老 长歌当哭

eng

单音节：泵 盟 膨 风 萌 蹦 猛 孟 梦 捧 丰 奉 灯 疼

双音节：风筝 猛增 更生 逞能 猛烈 增加 生产 乘风 丰收 丰盛

四音节：不成体统 成年累月 不声不响 不胜枚举 成竹在胸 成败利钝

ong

单音节：冬 董 冻 动 通 同 统 痛 浓 弄 龙 隆 功 公 巩

双音节：隆冬 洪钟 共同 交通 隆重 苍龙 笼罩 东西 农民 工作

四音节：洪水猛兽 不动声色 百孔千疮 毕恭毕敬 不共戴天 博古通今

iang

单音节：央 良 阳 讲 养 仰 恙 样 娘 酿 秧 凉 量 两 辆

双音节：想象 两样 向阳 将相 亮相 湘江 强将 像样 强项 长江

四音节：良药苦口 将错就错 将计就计 江河日下 两全其美 量力而行

ing

单音节：英 映 迎 影 名 硬 冰 丙 饼 秉 病 应 瓶 营 明

双音节：宁静 倾听 晶莹 明星 英明 兵变 乒乓 叮咛 聆听 青年

四音节：惊涛骇浪 兵荒马乱 冰清玉洁 鼎鼎大名 顶天立地 惊天动地

uang

单音节：汪 王 往 妆 广 望 光 旺 诳 狂 况 矿 荒 慌 皇

双音节：状况 光芒 狂妄 汪洋 双手 庄重 荒野 双簧 黄光 往返

四音节：痴心妄想 盖世无双 狂风暴雨 旷日持久 亡羊补牢 既往不咎

ueng

单音节：翁 嗡 瓮 蓊

双音节：渔翁 老翁 水翁 嗡嗡

四音节：瓮中捉鳖

iong

单音节：拥 用 兄 庸 踊 迥 窘 琼 凶 胸 蛹 雄 熊

双音节：汹涌 熊熊 雄壮 炯炯 穷困 兄长 庸医 迥然 踊跃 永久

四音节：庸人自扰 穷则思变 用兵如神 永垂不朽 一穷二白 凶多吉少

（五）难点：韵母对比训练

1. i 和 ü 的分辨

（1）两字词比较

i、ü	意见—遇见	容易—荣誉	比翼—比喻	前面—全面
	季节—拒绝	经济—京剧	分期—分区	
ie、üe		切实—确实		蝎子—靴子
ian、üan		颜色—原色		潜力—权力
in、ün		印书—运输		通信—通讯

（2）两字词连用

i、ü	必须	急剧
ü、i	聚集	躯体
ie、üe	解决	夜学
üe、ie	越界	雪夜
ian、üan	边远	田园
üan、ian	劝勉	卷烟
in、ün	进军	音韵
ün、in	军心	寻衅

2.鼻音韵尾 - n 和 - ng 的分辨

（1）两字词的比较

an—ang	开饭—开放	天坛—天堂
ian—iang	新鲜—新乡	小县—小巷
uan—uang	官民—光明	车船—车床
en—eng	长针—长征	真理—争理
in—ing	信服—幸福	辛勤—心情
un—ong	乡村—香葱	飞轮—飞龙
un—iong	勋章—胸章	运煤—用煤

（2）两字词练习

an—ang	班　长	盼　望
ang—an	长　安	抗　旱
ian—iang	艳　阳	边　疆
iang—ian	香　烟	抢　险
uan—uang	宽　广	观　光
uang—uan	黄　砖	光　环
en—eng	真　正	神　圣
eng—en	诚　恳	生　根
in—ing	民　兵	聘　请
ing—in	影　印	行　进
uen—ong	轮　空	蚊　虫
ong—uen	通　顺	农　村
un—iong	云　涌	驯　熊

（六）韵母综合训练

1. 绕口令（要求：先慢后快）

（1）单韵母的训练

a

mā mā kāi lā tǎ　　bà bà sāng tǎ nà　　wá wá
妈 妈 开 拉 塔，爸 爸 桑 塔 纳，娃 娃

shì jǐng chá　huì kāi yǎ mǎ hā
是 警 察，会 开 雅 马 哈。

e

pō shàng lì zhe yì yì zhī é　pō xià jiù shì
坡 上 立 着 一 亿 只 鹅，坡 下 就 是

yì tiáo hé
一 条 河。

kuān kuān de hé　féi féi de é　é yào guò
宽 宽 的 河，肥 肥 的 鹅，鹅 要 过

hé　hé yào dù é　bù zhī shì é guò hé hái shì
河，河 要 渡 鹅。不 知 是 鹅 过 河，还 是

hé dù é
河 渡 鹅？

u

jiān bēi yì pǐ bù　shǒu tí yì píng cù　zǒu le
肩 背 一 匹 布，手 提 一 瓶 醋，走 了

yì lǐ lù　kàn jiàn yì zhī tù
一 里 路，看 见 一 只 兔。

xiè xià bù　fàng xià cù　qù zhuō tù　pǎo le
卸 下 布，放 下 醋，去 捉 兔。跑 了

tù　diū le bù　sǎ le cù
兔，丢 了 布，洒 了 醋。

ü

wú　hú　xú　rú　yù　　chū　qù　lǚ　cì　yù　dà　wù
芜　湖　徐　如　玉　，　出　去　屡　次　遇　大　雾　。

qǔ　fù　sū　yú　lú　　shàng　lù　wǔ　dù　yù　dà　yǔ
曲　阜　苏　渔　庐　，　上　路　五　度　遇　大　雨　。

舌尖前—i 和舌尖后 i

sì　shì　sì　　shí　shì　shí　　shí　sì　shì　shí　sì　　sì
四　是　四　，　十　是　十　，　十　四　是　十　四　，　四

shí　shì　sì　shí　　yào　shì　shuō　cuò　le　　jiu　yào　wù
十　是　四　十　。　要　是　说　错　了　，　就　要　误

dà　shì
大　事　。

（2）复韵母的训练

ao、iao

dōng　biān　miào　lǐ　yǒu　māo　　xī　biān　shù　shāo　yǒu
东　边　庙　里　有　猫　，　西　边　树　梢　有

niǎo　　māo　niǎo　tiān　tiān　nào　　bù　zhī　māo　nào　shù　shāo
鸟　，　猫　鸟　天　天　闹　，　不　知　猫　闹　树　梢

niǎo　　hái　shì　niǎo　nào　miào　lǐ　māo
鸟　，　还　是　鸟　闹　庙　里　猫　。

ou、iou

chū　nán　mén　zǒu　liù　bù　　jiào　shēng　liù　shū　hé
出　南　门　，　走　六　步　，　叫　声　六　叔　和

liù　jiù　　jiè　wǒ　liù　dǒu　liù　shēng　hǎo　lǜ　dòu　guò　le
六　舅　，　借　我　六　斗　六　升　好　绿　豆　。过　了

qiū　　dǎ　le　dòu　　huán　wǒ　liù　shū　liù　jiù　hǎo
秋　，　打　了　豆　，　还　我　六　叔　六　舅　好

lǜ　dòu
绿　豆　。

uai、ai

huái shù huái huái shù huái huái shù dǐ xià dā xì
槐 树 槐 ，槐 树 槐 ，槐 树 底 下 搭 戏

tái rén jiā de gū niang dōu lái le wǒ jiā de gū
台 。人 家 的 姑 娘 都 来 了 ，我 家 的 姑

niang hái méi lái shuō zhe shuō zhe jiù lái le qí zhe
娘 还 没 来 。说 着 说 着 就 来 了 ，骑 着

lú dǎ zhe sǎn wāi zhe nǎo dài shàng xì tái
驴 ，打 着 伞 ，歪 着 脑 袋 上 戏 台 。

（4）鼻韵母的训练

en、eng

zhēn lěng zhēn zhèng lěng lěng bīng bīng bīng lěng
真 冷 ，真 正 冷 ，冷 冰 冰 ，冰 冷

lěng měng di yī zhèn fēng gèng lěng
冷 ，猛 地 一 阵 风 更 冷 ！

enengining

dōng dòng tíng xī dòng tíng dòng tíng hú shang yì
东 洞 庭 ，西 洞 庭 ，洞 庭 湖 上 一

gēn téng téng shang guà gè dà tóng líng fēng qǐ téng
根 藤 ，藤 上 挂 个 大 铜 铃 。风 起 藤

dòng tóng líng xiǎng fēng tíng téng dìng tóng líng jìng
动 铜 铃 响 ，风 停 藤 定 铜 铃 静 。

un

lán tiān shang shì piàn piàn bái yún cǎo yuán shang
蓝 天 上 是 片 片 白 云 ，草 原 上

shì yín sè de yáng qún jìn chù kàn zhè shì yáng qún
是 银 色 的 羊 群 。近 处 看 ，这 是 羊 群

nà shì bái yún yuǎn chù kàn fēn bù qīng nǎ shì bái
那 是 白 云 ；远 处 看 ，分 不 清 哪 是 白

yún nǎ shì yáng qún
云 哪 是 羊 群 。

2. 古诗词

(1) a、ia、ua

bó qín huái
泊 秦 淮

dù mù
杜 牧

yān lǒng hán shuǐ yuè lǒng shā
烟 笼 寒 水 月 笼 沙 ，

yè bó qín huái jìn jiǔ jiā
夜 泊 秦 淮 近 酒 家 。

shāng nǚ bù zhī wáng guó hèn
商 女 不 知 亡 国 恨 ，

gé jiāng yóu chàng hòu tíng huā
隔 江 犹 唱 后 庭 花 。

(2) o、e、uo

yǒng gé
咏 鹅

luò bīn wáng
骆 宾 王

é é é
鹅 、鹅 、鹅 ，

qū xiàng xiàng tiān gē
曲 项 向 天 歌 。

bái máo fú lǜ shuǐ
白 毛 浮 绿 水 ，

hóng zhǎng bō qīng bō
红 掌 拨 清 波 。

(3) iê、üê

jiāng xuě
江 雪

liǔ zōng yuán
柳　宗　元

qiān shān niǎo fēi jué
千　山　鸟　飞　绝　，

wàn jìng rén zōng miè
万　径　人　踪　灭　。

gū zhōu suō lì wēng
孤　舟　蓑　笠　翁　，

dú diào hán jiāng xuě
独　钓　寒　江　雪　。

(4) iao、ao

chūn xiǎo
春 晓

mèng hào rán
孟　浩　然

chūn mián bù jué xiǎo
春　眠　不　觉　晓　，

chù chù wén tí niǎo
处　处　闻　啼　鸟　。

yè lái fēng yǔ shēng
夜　来　风　雨　声　，

huā luò zhī duō shǎo
花　落　知　多　少　。

(5) ei、uei

liáng zhōu cí
凉　州　词

wáng hàn
王　瀚

pú   táo   měi   jiǔ   yè   guāng   bēi
葡　萄　美　酒　夜　光　杯　，

yù   yǐn   pí   pa   mǎ   shàng   cuī
欲　饮　琵　琶　马　上　催　。

zuì   wò   shā   chǎng   jūn   mò   xiào
醉　卧　沙　场　君　莫　笑　，

gǔ   lái   zhēng   zhàn   jǐ   rén   huí
古　来　征　战　几　人　回　。

（七）声调训练

1. 双音节词练习

（1）阴阴

参加　西安　播音　工兵　拥军　丰收　香蕉　江山　咖啡　单一　发声

（2）阴阳

坚决　鲜明　飘扬　新闻　编排　发言　加强　星球　中国　签名　安全

（3）阴上

发展　班长　听讲　灯塔　生产　艰苦　歌舞　公款　签署　根本　方法

（4）阴去

播送　音乐　规范　通信　飞快　单位　希望　欢乐　中外　失事　加快

（5）阳阴

联欢　革新　南方　群居　农村　长江　航空　围巾　营私　原封　图书

（6）阳阳

滑翔　儿童　团结　人民　模型　联合　驰名　临时　吉祥　灵活　豪华

（7）阳上

黄海　遥远　泉水　勤恳　民主　情感　描写　难免　迷惘　平坦　旋转

（8）阳去

辽阔　模范　林业　盘踞　局势　革命　同志　局势　雄厚　行政　球赛

（9）上阴

统一　转播　北京　纺织　整装　掌声　法医　演出　广播　讲师　取消

（10）上阳

普及　反常　谴责　讲完　朗读　考察　里程　起航　软席　领衔　党员

（11）上上

北海　领导　鼓掌　广场　展览　友好　导演　首长　总理　感想　理想

（12）上去

舞剧　主要　访问　考试　想象　土地　广大　写作　典范　选派　讲课

（13）去阴

矿工　象征　地方　贵宾　列车　卫星　认真　降低　特征　印刷　气温

（14）去阳

化学　措辞　特别　电台　会谈　政权　配合　未来　要闻　调查　辨别

（15）去上

剧本　跳伞　下雨　运转　外语　办法　信仰　戏曲　电影　历史　探险

（16）去去

大厦　破裂　庆贺　宴会　画像　示范　大会　快报　致意　建造　地震

2、四字词声调练习

（1）按四声顺序排列

中国伟大　山河美丽　天然宝藏　资源满地　阶级友爱　中流砥柱　工农子弟　千锤百炼　身强体健　精神百倍　心明眼亮　光明磊落　山明水秀　花红柳绿　开渠引灌　风调雨顺　阴阳上去　非常好记　高扬转降　区别起落

（2）按声母顺序排列

b

百炼成钢　　波澜壮阔　　暴风骤雨　　壁垒森严

p

排山倒海　　喷薄欲出　　鹏程万里　　普天同庆

m

满园春色　　名不虚传　　满腔热情　　目不转睛

f

发愤图强　　翻江倒海　　丰功伟绩　　赴汤蹈火

d

大快人心　　当机立断　　颠扑不破　　斗志昂扬

t

谈笑风生　　滔滔不绝　　天衣无缝　　推陈出新

n

鸟语花香　　逆水行舟　　能者多劳　　宁死不屈

l

老当益壮　　雷厉风行　　力挽狂澜　　龙飞凤舞

g

盖世无双　　高瞻远瞩　　攻无不克　　光彩夺目

k

开卷有益　　慷慨激昂　　克敌制胜　　快马加鞭

h

豪言壮语　和风细雨　横扫千军　呼风唤雨

j

艰苦奋斗　锦绣河山　继往开来　举世无双

q

千军万马　气壮山河　晴天霹雳　群威群胆

x

喜笑颜开　响彻云霄　心潮澎湃　栩栩如生

zh

辗转反侧　朝气蓬勃　咫尺天涯　专心致志

ch

超群绝伦　称心如意　赤子之心　出奇制胜

sh

山水相连　舍生忘死　深情厚谊　生龙活虎

r

饶有风趣　人才辈出　日新月异　如火如荼

z

赞不绝口　责无旁贷　再接再厉　自知之明

c

沧海一粟　层出不穷　灿烂光明　从容就义

S

三思而行 所向披靡 四海为家 肃然起敬

（3）夸张四声，训练时结合用气

体会气息在运动，尤其是用夸张的"上声"体会气息下沉较为明显。"阴平"练习时注意平稳；"阳平"上升时气要拉住，这时口腔要立起，力度要加强，避免高音窄、挤；"去声"下降时，气要托住，口腔要有控制，避免衰弱。

①四声气息控制练习

bā 巴 bá 拔 bǎ 把 bà 罢 dī 低 dá 答 dǐ 底 dà 大

这个练习反复练习多次，可用快吸气来练，也可用慢吸气来练，字音要清楚准确，也可逐渐改变声音的高低、强弱、快慢并调节好气息。

②夸大的上声练习

ǎ ǐ ǎi ǎo ǔ

好（hǎo） 美（měi） 满（mǎn） 想（xiǎng） 仰（yǎng） 场（chǎng）

请（qǐng） 跑（pǎo） 百（bǎi） 炼（liàn） 成（chéng） 钢（gāng）

花（huā） 红（hóng） 柳（liǔ） 绿（lǜ）

③古诗练习

jìng yè sī
静 夜 思

táng lǐ bái
（唐 ）李 白

chuáng qián míng yuè guāng　　yí shì dì shàng shuāng
床 前 明 月 光 ，疑 是 地 上 霜 。

jǔ tóu wàng míng yuè　　dī tóu sī gù xiāng
举 头 望 明 月 ，低 头 思 故 乡 。

秋浦歌
qiū pǔ gē

（唐）李白
táng lǐ bái

白 发 三 千 丈 ， 缘 愁 似 个 长 。
bái fā sān qiān zhàng yuán chóu shì gè cháng

不 知 明 镜 里 ， 何 处 得 秋 霜 。
bù zhī míng jìng lǐ hé chù dé qiū shuāng

鸟 鸣 涧
niǎo míng jiàn

（唐）王维
táng wáng wéi

人 闲 桂 花 落 ， 夜 静 春 山 空 。
rén xián guì huā luò yè jìng chūn shān kōng

月 出 惊 山 鸟 ， 时 鸣 春 涧 中 。
yuè chū jīng shān niǎo shí míng chūn jiàn zhōng

十 一 月 四 日 风 雨 大 作
shí yī yuè sì rì fēng yǔ dà zuò

（宋）陆游
sòng lù yóu

僵 卧 孤 村 不 自 哀 ， 尚 思 为 国 戍 轮 台 。
jiāng wò gū cūn bù zì āi shàng sī wèi guó shù lún tái

夜 阑 卧 听 风 吹 雨 ， 铁 马 冰 河 入 梦 来 。
yè lán wò tīng fēng chuī yǔ tiě mǎ bīng hé rù mèng lái

竹 石
zhú shí

（清）郑燮
qīng zhèng xiè

咬 定 青 山 不 放 松 ， 立 根 原 在 破 岩 中 。
yǎo dìng qīng shān bù fàng sōng lì gēn yuán zài pò yán zhōng

千 磨 万 击 还 坚 劲 ， 任 尔 东 西 南 北 风 。
qiān mó wàn jī hái jiān jìn rèn ěr dōng xī nán běi fēng

练习时，注意用气，四声正确，声音连贯。

④四音节词组变换

阴阳上去不管变位在哪里，都要求准确。训练时注意不要字字停顿，应该有强弱、虚实表现。

阴阳上去：千锤百炼　山明水秀　英明果断　风调雨顺　花红柳绿　光明磊落

去上阳阴：逆水行舟　过眼云烟　智勇无双　万古流芳　厚古薄今　妙手回春

四声变位：光辉灿烂　旧地重游　气贯长虹　方兴未艾　荣华富贵　心花怒放

（八）语流音变训练

1. 轻声读法

（1）阴平、阳平后面的轻声读中调3度

如：风筝、姑姑、功夫、结实、先生、衣服、抽屉、生日、包子、回来、毛病、舒服、苗头、骨头。

（2）上声后面轻声读半高调4度

如：本子、起来、码头、姐姐、体面、讲究、打算、指望、喜欢、本事。

（3）去声后面轻声读低调1度

如：月亮、胖子、大夫、告诉、弟弟、壮实、谢谢、教训、近视、费用、对付、任务。

（4）语气词：吧、吗、呢、啊轻读

如：去吧！走吗？怎么呢？说啊！

（5）助词：的、地、得、着、了、们轻读

如：我的、慢慢地、好得很、拿着、走了、我们。

（6）名词后缀：子、儿、头

如：桌子、女儿、后头。

（7）量词：个

如：三个、五只。

（8）方位词

如：家里、桌上、地下。

（9）趋向动词

如：回来、出去、跑出来、走进去。

（10）重叠动词末一个音节

如：看看、说说、写写。

（11）作宾语的人称代词

如：请你、叫他。

（12）叠字名词和重叠名词不一样，叠字名词第二个音节读轻声

如：爸爸、姐姐、妈妈。

重叠名词一定不能读轻声。

如：家家户户。

2. 儿化韵

（1）韵母最后音素是 a、o、e、u 的，儿化后只在原韵母后加卷舌动作

上哪儿—nǎr　　腊八儿—bār　　山坡儿—pōr　　花朵儿—duǒr　　唱歌儿—gēr

风车儿—chēr　　眼珠儿—zhūr　　火炉儿—lúr

（2）韵尾是 i 的，儿化时去掉韵尾，加卷舌动作

小孩儿　háir—hár　　冒牌儿　páir—pár　　宝贝儿　bèir—bèr

（3）韵尾是 n、ng 的，儿化时，n、ng 前面主要元音变成鼻化元音，同时加卷舌动作

被单儿　dānr—dār　　手绢儿　juànr—juàr　　帮忙儿　mángr—már　　吊嗓儿　sǎngr—sār　　板凳儿　dèngr—dèr　　胡同儿　tòngr—tòr

（4）主要元音是 i、ü 的，要在原韵母后加 er

小姨儿　yir—yier　　打旗儿　qir—qier　　金鱼儿　yür—yüer　　马驹儿　jür—jüer

（5）主要元音是 - i（前）和 - i（后）的，去掉主要元音，在声母后直接加上 er

墨汁儿　zhir—zher　　吃儿　chir—cher　　小事儿　shir—sher　　字儿　zir—zer

带刺儿　cir—cer　　拔丝儿　sir—ser

儿化韵有修饰语言色彩的作用，使语音更加口语化，但在播读新闻稿件时尽量不用儿化音。南方方言区学习者要注意，舌头不要过卷，应尽量保持原韵母的音色。

第八章　呼吸控制

在播音发声过程中，呼出的气息是人体发声的动力。声音的强弱、高低、长短以及共鸣的运用与呼出气流的速度、流量、密度都有直接的关系。气流的变化关系到声音的响亮度、清晰度以及音色的优美圆润，嗓音的持久性及情绪的饱满充沛。也就是说只有在呼吸得到控制的基础上，才能谈到声音的控制。

呼吸的作用还不仅限于发声的动力，它还是一种极重要的表达手段，是情与声之间的桥梁。要使声音能自如地表情达意，必须学会呼吸的控制与运用。

（一）胸腹联合式呼吸法

1. 胸腹联合式呼吸法原理

人的呼吸器官是由呼吸道、肺、胸廓和有关肌肉、横膈膜和腹部肌肉组成的。呼吸方法一般可分为胸式呼吸、腹式呼吸和胸腹联合式呼吸法。胸式呼吸法又称锁骨式呼吸法，其特点为吸气时肩头上耸，上胸部上抬，上胸部胸围有所增加，肋骨下缘胸廓周围径基本不变，隔肌基本不参加运动。吸入及呼出气流量少，呼气发声时呼出气流较弱而且呼出气流强度变化较小且难于控制。从发声的角度分析，采用胸式呼吸法的常见于声音较尖细、声音强度不大且变化较小、语句短、换气频繁、声音位置较高、身体较为瘦弱的女性。腹式呼吸法，其特点为：吸气时腹部明显凸起，腹围明显增大，主要靠膈肌升降完成呼吸运动，而胸廓周围径基本不变。腹式呼吸法，吸入气流量较多，呼气发声时呼出气流量较多，呼出气流强度、流量有一定幅度的变化，从发声角度分析，采用腹式呼吸法时声音往往显得深、重、低、沉。而胸腹联合式呼吸法不是简单的胸式呼吸法加腹式呼吸法，而是指胸腹所有呼吸器官都参与了呼吸运动，使胸廓、横膈膜及腹部肌肉控制呼吸的能力得到合作，不但扩大廓的周围径而且扩大胸腔的上下径，因而能吸入足够的气息，气息的容量大。另外，由于能够稳定地保持住两肋及横膈膜的张力和来自小腹的收缩力量所形成的均衡对抗，有利于形成对声音的支持力量。这种呼吸方法容易控制呼吸。在我国民族声乐及戏曲、曲艺等艺术发声中所说的"丹田气"就是胸腹联合式呼吸法。

播音发声的特点决定了对呼吸控制的要求，即：能够运用胸腹联合式呼吸法调节呼吸，使气息顺畅、均匀，深浅适中，运用自如。

在日常生活中，人们采用的呼吸方式并没有严格的区分界限，在正常情况下，人们的呼吸是以腹式呼吸为主，胸式呼吸是在膈肌下降阻力变大时出现的，作为腹式呼吸的补充。胸腹式联合呼吸法已经不是人们的生理需要满足气体交换的一种呼吸方式，而是主要为了满足心理需要即发声需要，尽可能提高发声效率而调动所有呼吸器官协调运动，增大进气量，增加对呼出气流的控制能力的一种呼吸方式。所以这种呼吸方式往往要经过有意识的训练才能自如使用。此外，播音发声是运用有声语言作为表情达意的手段，在发声过程中为了表情达意的准确，有些声音色彩的表现也会需要运用胸呼吸或腹式呼吸方式才能得到恰如其分的体现。当然这种呼吸方式的运用是作为胸腹联合式呼吸法发声的一种辅助或补充的手段。

我们在吸气时，胸廓扩张，同时，胸部与腹部相隔的那层膈肌也收缩下降，腹腔里的脏器位置也下降，腹腔内压升高，腹壁稍向外凸出。相反，呼气时，胸廓缩小，膈肌放松上升，腹中的内脏复位，腹壁收回。有资料表明，一个人在平静状态下，呼吸活动进行的气体交换，有25%来自肋骨的运动，而75%是靠膈肌的活动。因此膈肌运动完成呼吸活动，对维持我们生理需求，以及心理—发声需求，是起着举足轻重的作用的。但是对呼吸起巨大作用的膈肌是不随意肌，而腹肌是随意肌，我们可以靠腹肌的收缩来改变腹腔的内压，从而间接控制膈肌的升降。而这个控制过程是靠腹直肌、腹斜肌等腹肌的协同动作来完成的，而作用力合力的中心就是我们所说的丹田了。我们通过腹肌调节控制做到适度、灵活、自如，就会使呼出气流的压力、流量、流速产生多层次的交叉变化，才可能形成有弹性的发声机能活动，才能自如地控制音长、音强、音色的变化以及控制节奏的变化和共鸣的位置，才能自如地表达、传递运动中的思想感情。

播音发声呼吸时，肋骨向两侧打开，使膈肌产生一定张力，同时通过对运动的控制，改变腹腔压力，从而间接控制膈肌的升降。吸气肌与呼气肌抗衡，加强了控制能力，提高了发声效率，从而获得发声时所需要的呼出气流。

胸腹联合式呼吸法的呼吸原理包含以下几个要点：

一是气压差原理。当吸气肌肉群收缩时使胸腔扩大，人体肺部内的气压会小于人体外气压，这时只要口、鼻、气管等呼吸通道无障碍，空气会自动由气压高的体外进入气压低的肺泡内，使肺叶扩张起来，这是吸气过程。当吸气达到一定饱和程度时，吸气肌肉群即松弛；而呼气肌肉群开始收缩，这时胸腔会随之变小，人体内气压比体外气压高，肺叶内的空气会从肺泡经呼吸通道排出体外，这是呼气过程。人的发声是在呼气过程中实现的，因此，呼吸控制的训练以呼气控制为主。

二是呼吸肌抗衡控制原理。话筒前发声的呼吸控制，具有吸得多、吸得快、呼得省、呼得匀、呼得慢的特点。我们欲达到以上要求，就需要锻炼吸气肌肉群，使吸气肌肉群在呼气时也保持一定的紧张度并与呼气肌肉群形成某种对抗；再结合口腔控制，使气流能按使用的需要有控制的、稳劲的呼出，充分发挥气流在发声时的功效。

广播电视艺术语言发声采用有控制的胸腹联合式呼吸方法。健康人的正常呼吸方式本来就是胸腹联合式呼吸，艺术语言并非另行掌握某种特殊的呼吸方式。广播电视语言发声的呼吸训练是在正常的胸腹联合呼吸方式的基础上以强化及扩展这种呼吸的控制能力为主。

2. 掌握胸腹联合式呼吸法的要领

胸腹联合式呼吸总的感觉应该是：随着气流从口鼻同时吸入，两肋向两侧扩张，同时腰带感觉渐紧，小腹控制渐强。呼气时，保持住腹肌的收缩感，以牵制膈肌与两肋使其不能回弹。随着气流的缓缓呼出，小腹逐渐放松，但最后仍要有控制的感觉。而膈肌和两肋则在这种控制的感觉下，逐渐恢复自然状态。在发声状态中，腹肌控制的强弱是随着思想感情的运动在不停的运动和变化。掌握胸腹联合式呼吸法，关键在于抓住符合要领的实际感觉，并且需要在反复的练习中加强和稳定这种感觉。

胸腹联合式呼吸可分为吸气和呼气两个阶段。

掌握胸腹联合式呼吸的要领，首先要掌握呼吸的基本状态。这种基本状态的吸气和呼气要领分别如下：

吸气要领：吸气要吸到肺底，两肋打开，腹壁站定。这是一种深吸气，而在生活中只有呼气结束以后才能有吸气的需求。在体会吸气要领时，应先将体内余气用叹气法全部呼出，再自然吸气，此时才容易体会到将气吸肺底、两肋打开的感觉，否则易成为胸式呼吸。在自然吸气的过程中，腹肌的配合是不明显的（尤其是女性）。在胸腹联合式呼吸训练中，吸气时我们要求除膈肌、肋间外肌等吸气肌肉群紧张工作外，腹肌、肋间内肌等呼气肌要从自然吸气时的松弛、休息状态，进入"准备工作"的预备状态。"腹壁站定"状态是指随吸气运动，上腹随两肋打开，稍有凸起。腹壁站定即上腹壁保持住的感觉。在吸气时，由于膈肌下降，腹腔压力增大。腹肌有意识地向中医经络的"气海"至"关元"穴集中，使腹肌与膈肌进入弱抗衡状态，特别需要注意的是，吸气时腹肌的收缩不可以过于主动，收缩的紧张度不可过强，过强的腹肌收缩会阻碍膈肌下降而影响胸腔上下径的扩大，进而影响吸气量的增加。当吸气进行到比自然状态呼吸稍多又不至于失去控制能力时（初练者吸气至五六成满即可，不必贪多），即可转入呼气阶段。在训练时，吸气及呼气之间的屏气时间要尽量短而流畅，忌人为地扼喉，若吸气过满，超出了呼吸肌的抗衡控制能力，声门会自动地屏气、扼喉，这不利于控制呼出气流从而影响正常发声。

呼气的要领可分三步，第一步要掌握呼气的稳劲状态，其中应以快吸慢呼为训练重点；第二步是锻炼呼气的持久力，一般要求一口气的呼气发声可持续30秒—40秒；第三步训练呼气与发声"挂钩"掌握发声时呼气的调节方法。

换气一般可分为两种情况：一种是两句话之间有较大的停顿时间，可以从容地正常换气，以满足下一句话发声表达的需要以及生理气体交换的需要。这时应注意在前句话的句尾往往应将末一个音节发音时的气息状态稍做保持，以利于播音员及听众思维和情感运动的延续，而将进气的时机放在下一句的句首进行，吸进气以后马上接续发声，而不要憋一会儿再发声，憋住气不发声，不但由于生理需求而致使发声持续时间缩短，气不够用，严重时甚至会破坏正常的呼吸发声的生理、心理机制而形成发声障碍。另一种情况是由于思维和表达的需要，为维持较长时间的发声需要而超出了生理能力，需要补充气息又没有补充气息的时间。这时的换气技巧我们通常叫"补气"或"偷气"。"补气"或"偷气"最基本的要求是不破坏语句的连贯，在受众不觉察的情况下少量、无声地补充气息。是为了表情达意的需要，把生理需求放在第二位考虑的一种补充气息的手段。当然"补气"和"偷气"也要选准位置，找好气口。"补气"

和"偷气"的基本动作是：保持住发声结束时的气息控制状态不变，两肋向外一张，即完成"补气""偷气"的过程，接续后面的发声。"补气"和"偷气"进气量很小，吸入程度感觉很浅。大约只是一口气，只吸到上胸部，甚至只吸到嗓子眼儿。换气的这种情况很复杂，补充气息的技巧也有很多区别，如还有抢气、就气等等，都需要和稿件表达的内容及情感变化的需要相结合来选择适当的补充气息的办法。

3. 播音发声掌握呼吸控制需要注意的一些问题

纵观呼吸控制基本状态的训练过程，需注意以下几个方面：

第一，呼吸是人与生俱来的能力，日常生活中呼吸、说话用声都是下意识"自动化"的，而日常的呼吸控制能力，不能满足广播电视艺术语言发声的要求。广播电视的播音主持艺术从业人员，应以生活中的呼吸为基础，通过有意识的呼吸控制训练，培养良好的呼吸习惯并进一步掌握艺术发声的呼吸控制方法；训练和使用尽量不要脱节，训练的目的在于提高自己说话发声时的实际呼吸控制能力。只要基本状态对了，应尽快结合实际发声训练，在发声综合训练中提高呼吸控制能力。呼吸控制方法的改善是改变不良呼吸习惯、养成科学的呼吸习惯和增强呼吸控制能力的过程，需要循序渐进、持之以恒，进行长时间的锻炼才可见效。呼吸肌的协调和控制能力的提高，只有坚持天天练，直至将生活中的呼吸控制与话筒前用声时的呼吸控制统一起来，达到新的"自动化"调节呼吸控制时，才能使呼吸控制达到纵控自如。

第二，广播电视艺术语言发声是说话用声，在呼吸控制的训练过程中，为便于体会有意识的呼吸控制，可以先从强控制入手；而说话用声的呼吸控制一般是弱控制为主。因此，呼吸控制能力的训练有一个过程，即从"自然状态的下意识控制"到"有意识的基本状态强控制"，再到"有意识的弱控制"，最后实现"下意识的以弱控制为主、强弱控制自如"的呼吸控制。

第三，呼吸控制只是控制人体发声综合状态的一方面，实际训练时不可能与其他部分分割，比如：口腔控制、喉部控制、共鸣控制等。呼吸控制是否正确，应以实际发出来的声音效果来检验，不能只凭感觉。主观感觉呼吸控制得好而声音不忍卒听，那种呼吸控制也是不正确的。

第四，人的呼吸控制总是处在运动状态中，特别是在说话时，思想感情在运动中，语流中的气息是运动的、变化的，呼吸控制必须服从说话时思维、情感表达的需要，要灵活多变；切忌以僵化、机械的呼吸控制制造声音的变化。因此，在掌握了呼吸控制的基本状态之后，必须学会说话时的换气、"补气"、"偷气"、就气等多变的用气方法。

第五，在呼吸控制中，呼和吸是一对矛盾。但呼气是矛盾的主要方面。因为有声语言的表达过程是在呼气过程中完成的，所以在这里我们没有过分强调进气量大，而只要求有足够的气息，关键在于对呼气的控制能力，控制气流以急缓、疏密、强弱等各种方式呼出。每个人的肺活量都是有限的，和开源——增加进气量比起来，提高发声效率，节省用气，加强呼气发声的能力，节流更重要。总体来说，我们应该把发声时呼气的控制放在首要位置，因为吸气和换气都是为呼气发声服务的。

掌握呼吸的控制一定要注意，不是为了呼吸而控制，而是为了更好地进行播讲而控制。同时不要一讲控制就控制僵死。一篇稿件，字字句句控制强度都均等，那就等于没有控制。要注意在播讲中突出集中体现思想感情和语句目的的语句重音时，气息控制意识的加强。

此外，接近生活语言，是要高于生活语言，不是等同于生活语言。同样，纯自然的低能状态，与胸腹联合式呼吸法的弱控制也有着本质的区别。我们在追求亲切、自然的声音的时候，要正确地把握呼吸的控制，否则会导致语音的含混，长时间的不科学的呼吸控制甚至会导致发声器官的损伤。

"气乃情所至"，日常生活语言中，气息控制的枢纽是感情的运动。俗话说"心平乃气和"。发声是一种全身心的运动，气息的表现方式是由心理状态决定的。所以必须对稿件进行认真的理解，深刻的感受，对所说的话题要有深刻的理解，经过认真的准备。要有准确、鲜明的态度，产生强烈的播讲愿望，使感情运动起来，要有感而发。如果没有情感的运动，那么呼吸的控制必定是单调呆板，势必影响声音色彩的变化，使声音失去弹性。利用感情调节呼吸的运动是播音发声呼吸控制最基本的原则，也是呼吸控制的高级阶段。在训练过程中，只有通过较为长期的、有意识的训练，熟练地掌握胸腹联合式呼吸法的要领，逐渐达到控制自如的境地，才能使气息随着感情的运动而运动，这就是以情运气了。

（二）呼吸肌的训练

1. 呼吸肌的训练

呼吸肌的力量和灵活程度是使呼吸控制达到"自动化"运动的物质条件。在呼吸肌的训练中，日常生活中得不到充分运动的肌肉，如腹肌、膈肌，应列为锻炼的重点，并且，在训练中，应重点体会呼吸肌的锻炼和发声之间的联系。

（1）腹肌的锻炼

①腹肌爆发力的锻炼

仰卧起坐举腿：将双手放在头下，仰卧，抬起上半身，或者仰卧蜷双腿至胸前，或将双腿并拢直举起来。要求不停歇连续做30—50次。

团身起坐：第一步，直立，体会骨盆前倾的感觉；第二步，仰卧，把双手交叉于胸前，双脚收回，膝部变屈至90度，盆骨前倾使腰骶部平贴于地面；第三步，团身起坐。保持骨盆前倾姿势，5秒钟后，慢慢团身向上抬起，直至肩胛骨离开地板，再稍稍抬高一些，此时呼气，不要完全坐起来。维持此姿式5秒钟。然后在5秒钟之内缓慢躺下，恢复预备姿势，同时吸气。注意在用力抬身时（腹肌用力收缩时）呼气，放松腹肌时吸气。每次做5遍，每天做3次。

侧团身起坐：第一、二步同团身起坐，第三步为了加强腹斜肌的力量，在抬身时可稍变动一下起坐的方法，即双肩不同时离地，而是左、右肩轮流抬起，以左肘与右膝接近或以右肘与左膝接近。抬肩时间与节律同团身起坐。

腹肌弹发练习：用腹肌爆发弹力将气集中成束送到口腔前部，口腔舌位可以用以下四个音来配合：哈、嘿、嚯、呵。开始需一声一声的发，注意腹肌弹发和舌根发 h—a 时的配合。舌根、下巴均需放松，软腭需上挺，后咽壁也需收紧挺直。发出的声音，应该有力度。配合有一定基础后可以连续发音。当你能连续稳定在一定力度状态发音后，可以再改变音强、音高、力度强弱等。在发"哈"时，听起来似京剧小生的笑，在发"嘿"时似冷笑。

②腹肌各部分肌肉灵活配合的锻炼

肩肘倒立后，两腿在空中交替屈伸，似"蹬自行车"。

肩肘倒立后，两腿伸直左右交叉摆动。

③腹肌与呼吸、发声主动配合感觉的锻炼

有的人腹肌力量不小，但是不会主动与呼吸、发声配合。特别是女同学，由于生理的原因，腹肌参与呼吸的感觉通常不明显，可以做以下练习，体会腹肌与呼吸、发声的配合。

仰卧，小腹上放一本较有分量的厚书，体会腹肌随深呼吸的收缩、放松。在自然呼吸状态下，小腹在吸气时是上抬的，呼气时是下塌的，即：吸气时腹肌松弛、呼气时腹肌收缩，这种呼吸配合称为顺式呼吸。在有意识采用"腹壁站定"状态有控制的吸气时，小腹不是明显的上抬，但有一定的绷紧感，不是完全松弛；呼气时仍是渐渐下塌收缩，这种呼吸配合称为逆式呼吸，练气功的人常采用逆式呼吸。无论采用顺式呼吸或逆式呼吸，当吸气较满时，小腹始终会稍微上抬（即外凸）的，在吸气时过度地收腹会顶住膈肌，影响膈肌下降从而影响吸气量，当做此练习时，体会到腹肌与呼吸的关联之后，可以练呼吸的基本状态，然后发声，发长声单元音，体会送气发声时，腹肌与呼气的关系。当仰卧体会到呼气时腹肌是收缩的、吸气时腹肌有一定的紧张感时则可以采用坐姿或者站姿体会腹肌与吸气、呼气、发声的关联。

坐在硬凳前端，双腿伸直，腰腹放松，上身自左向右或自右向左旋转，上身后仰吸气时腹肌或放松，或稍稍"绷紧"；上身前倾呼气时，腹肌有意识收缩送气。这个练习的重点在体会呼气时腹肌的参与感。

（2）控制膈肌能力的锻炼

①膈肌弹发

这是在传统膈肌锻炼方法"狗喘气"的基础上改进后的练习。膈肌弹发与"狗喘气"的不同，一是变开口为闭口，这样可以减轻气流对喉部的摩擦；二是变无声为有声，在呼气的同时发"hei"音。膈肌弹发具体练法如下：

第一步，深吸气后，发出一个扎实"hei"音。要求喉部、下巴松弛，舌根在发 h 时，有前送弹动感；而胸前剑突下有明显的向上弹动感。在弹发"hei"时，必须注意膈肌的弹动与发音要协调同步。开始气可能会比声超前，先出气后出声；也可能会落后，出声了，气尚未弹出；还可能气弹出却未用在发声上，气弹出了而声音仍用嗓子喊出来等现象，这对于初练者是必然的现象，不要着急，可以慢慢地、一声一声地找。

这时需注意三点：一是控制膈肌正确的上弹，既不是上腹部向外努（这样气不是外弹、而是内吞），又不是上腹部向内排挤。二是喉头部位一定要松弛，气弹出才可能弹发"hei"音，否则气与声会脱节形成嗓子挤出的声。三是由于未经训练的人，有意识控制膈肌的能力较弱，在开始练膈肌弹发时是发出的"hei"音并不强。弹发正确"hei"音，是音高稍低、圆润集中、松弛宽厚的声音，在开始练膈肌弹发时，首先要注意膈肌弹发呼气与发音的配合要正确，不必贪多、贪快、贪连续发音。只有一声一声练得有力了，才能连续发音。

第二步，在膈肌单声强发状态稳定的情况下，增加连续弹发"hei"音的次数，连发2个、3个、4个……直至可连续发7—8个。连续弹发时，要注意给气的力量应该均匀，发出的"hei"音也需要保持一定的音量、音高、音色始终一致。在连续弹发时，还应注意将膈肌的力量控制集中到弹发的瞬间，而在弹发间隔时，膈肌要迅速放松还原到原位，不会放松，膈肌越弹越紧张，最终会无气可弹而力竭。只有弹发后的迅速放松才能使气不断进入、弹出，也有利于膈肌再次积聚力量弹发。

第三步，坚持第二步连续弹发练习，数日后会获得"自动"进气的感觉，当可以无限制的连续发出稳定"hei"音时，就可以进行第三步练习：由慢到快、稳劲轻巧地连续弹发"hei"音，最后达到要慢即慢，要快即快的控制程度。

第四步，在第三步的基础上，做改变音高、音量、音色、音长的膈肌弹发练习，类似于京剧老生的大笑状。

②膈肌弹发喊操口令

一口气弹发"1、2、3、4"，换气后接着喊"2、2、3、4"，再换气接着喊"3、2、3、4"，"4、2、3、4"……延续下去。注意吸气时膈肌放松下降，和喊号时有意识的弹发；同时，喊号的数字要饱满、圆润、干脆，有一定力度。

2. 胸腹联合式呼吸基本状态的训练

我们进行呼吸基本状态练习的目的，是为了体会和掌握胸腹联合式呼吸法的基本动作要领，并逐渐加强胸腹联合式呼吸控制的能力。从训练的角度讲，只知道道理还不行，必须抓住符合要领的感觉，在反复的练习中能稳定地呼吸，通过量的积累，使自己的呼吸控制能力逐渐加强。

在训练过程中，呼吸是一个综合过程，我们的训练是先从吸与呼的简单、单纯的配合开始，然后逐渐提高吸与呼配合的复杂性、综合性及难度。这些练习必须一步步地、循序渐进地练，前一步练对了、练熟了时再做下一步的练习。同时，在呼吸训练时，注意保持良好的心态，即：自信、兴奋、积极、从容、不过分紧张。因为过度紧张的心理会使中枢神经产生抑制，使肌肉僵化，导致呼吸失去控制。

（1）体会日常生活中呼吸肌的运动及配合

取坐姿，身体重心在臀下当中椅子的前部，需满臀坐。腰直、胸含、肩松：完全自然地像叹气一样，将体内余气全部吐出来，然后从容自然地吸气。注意体会吸气时小腹自然外凸、两肋后部及腰两侧自然张开、撑起的感觉。吸到正常的程度自然呼气，注意体会两肋下塌，腹壁渐松复原。

以慢吸慢呼的方式，在第一练习的基础上是以坐姿体会稍有控制的吸气和呼气。

在将体内余气全部吐出来之后，吸气时有意识地强调要体会吸到肺底、两肋打开、腹壁站定的感觉，进行慢吸慢呼。在吸气的过程中，着重体会两肋后部渐张、腹肌渐渐向"丹田"集中、腹壁从松弛状渐渐绷紧"站定"的感觉。当吸气至比日常自然吸气稍多的五六成满时，调整吸气肌、呼气肌的控制感觉，屏气一瞬立即慢慢地呼气。呼气要注意两点：一是尽量保持两肋张开支撑感（实际仍会塌下收回一些）；二是着重体会在这种呼吸肌的配合中，靠腹肌收缩往外送气流的感觉。这一步练习主要体会胸腹联合式呼吸方式中，腹肌参与吸气、呼气控制，特别是收腹呼气的感觉。随着呼吸控制能力及膈肌与腹肌配合能力的增强，吸气量可加大到八九成满。注意呼气时不要有明显的"扼喉"感。

（2）以慢吸慢呼方式体会胸腹联合式呼吸控制的基本状态

①坐姿，重心在臀下当中，躯干略前倾，肩及前胸放松，颈直，腰直，胸稍含，特别是注意下巴、舌根、喉头、锁骨及颈部肌肉需松弛

叹一口气将体内余气全部吐出，用闻花香、抬重物、半打哈欠等吸气感觉，从容吸气，在意念上让气流"沿脊柱"而下，吸入肺底部，后腰部渐渐有涨满感，注意力放在两肋后部向左右打开支撑的感觉上；吸气时，腹肌只要有腹壁"站定"感即可，不必用力收缩。吸气到六七成满时，调整肌肉控制感觉，屏气一瞬再收缩腹肌将气缓缓呼出，此时仍需尽量保持两肋的支撑感。当腹肌收缩到极限气竭时，只需放松腹肌，

继续保持紧张的吸气肌肉群就会"自动"进行另一次吸气过程。从这个角度说，呼吸肌的锻炼，主要是锻炼吸气肌肉群持续工作的能力。这一练习，特别是"气沿脊柱向下至肺底"的意念，易于体会两肋打开、后腰涨满及腹肌参与呼吸控制的感觉。

②在以上练习的基础上，慢吸慢呼

呼气时，撮口做吹尘状或吹小瓶发声状，将气缓缓地"吹"出，要求气流匀速、缓慢、量小而集中。

③采用坐姿慢吸慢呼

呼气时发出延长的不间断的"si"音。以声音来检验呼出气流的控制是否匀量、匀速。经过反复的练习，吸一口气后的呼气持续时间逐渐延长，应达到吸一口气能呼30秒—40秒。这一练习，着重体会在基本呼吸状态中吸气肌与呼气肌在抗衡中控制呼气的稳劲感。

④采用站姿做以上练习，体会站立时胸腹联合式呼吸的基本状态

⑤发单元音延长音。慢吸慢呼，要求同以上练习

呼气前的最后一刻做用口吸气状（不在乎是否真吸气，主要在于松喉、挺软腭），然后，立即以叹气的感觉收腹呼气，用一口气发延长的单元音，比如：a、o、e、i、u、ü等。在练习发声前，在面部的上唇与鼻尖之间的高度向前一尺，为自己选一个"靶心"，发单元音时，努力将声音集中送到这个"靶心"上。发音时，注意呼出气流的匀、缓、集中和这个单元音的圆润、响亮、稳定前后力度一致。要做到这一点，在发单元音时，口腔肌肉要均衡的紧张、舌位也需要保持相对的稳定。

通过以上较单纯的呼吸基本状态练习，应学会如何通畅地呼吸。主要通过观察呼吸姿势和鉴定发出的声音来判断呼吸状态是否正确。凡在练习过程中，产生双肩上耸、颈静脉暴突、面部表情紧张、仰头抬下颌、低头下巴抵胸、过分挺胸收腹等现象，都说明基本状态的呼吸肌配合不对。做以上呼气发声练习时，凡出现声音过于尖锐、嘶哑、飘、干涩而不圆润、舒畅，或者声音忽大忽小、忽强忽弱等不稳定的现象，也说明呼吸控制不协调、不正确。

（3）延长呼气控制时间的练习

①慢吸慢呼，数数儿，延长呼气控制时间

保持正确的基本呼吸状态慢吸气至八成满，然后以大约每秒一个数儿的速度数数

儿：1、2、3、4……要吸一口气数数儿，中途不换气、不补气，并保证数字之间匀速、语音规整、声音圆润集中、音高一致、力度一致；出声则出气，不出声不漏气；开头的数字气不冲声不紧，近尾的数字气不憋声不噎；气竭则声停。注意数数儿时，声带喉头保持正常发声的通畅感，不因吸气较满呼吸肌紧张而扼喉。一般吸一口气数数儿持续时间达到30秒—40秒即完成训练要求，开始练习时，不要单纯追求所数数字的多少，重点应在锻炼呼吸发声的控制力。经过一段时间的锻炼，呼吸控制力强了，数儿便会数得多了。

②慢吸慢呼，数葫芦

练习词如下：

一口气数不完二十四个葫芦，一个葫芦、两个葫芦、三个葫芦……

数葫芦的呼吸控制及用声要求，同上一个数数儿的练习，一般达到一口气能数15个至20个葫芦即可。由于数葫芦接近说话状态，难度较大，但是练好了更容易结合话筒前用声用气的控制状态。

③练唱舒缓、抒情的歌曲，锻炼随旋律乐句延长呼气发声的能力

这个练习是为了训练呼吸控制能力，歌唱时用本声、中低音接近于通俗唱法练习。比如《草原之夜》《赞歌》《半个月亮爬上来》《走上这高高的兴安岭》《牧歌》《美丽的草原我的家》等。

3. 扩展胸腹联合式呼吸控制能力的训练

在胸腹联合式呼吸的实际运用中，吸气与呼气的配合有四种方式：慢吸慢呼、慢吸快呼、快吸快呼、快吸慢呼。慢吸的训练一般是初学时采用，为了保证呼吸的基本状态能正确；在胸腹联合式呼吸有了一定基础后，则可以进行快吸的训练。而在这四种吸与呼的配合方式中，以快吸慢呼的配合方式，更符合说话用声呼吸控制的实际状况。所以，在扩展胸腹联合式呼吸控制能力的训练中，应以快吸慢呼的训练为主。

（1）慢吸快呼的训练

保持慢吸的正确状态吸气之后，用一口气尽量说又多又快的话。可以用简单重复的绕口令来练。

①吃葡萄不吐葡萄皮儿。

②班干部不管班干部。

（2）快吸快呼的训练

快吸时应注意保持慢吸时"两肋打开、吸到肺底、腹壁站定"的基本状态，只是将慢慢吸气，改为在不经意间一张嘴的一瞬即吸气到位，就像突然在远处发现了你正要找的人，准备喊他的瞬间吸气。

快吸快呼的训练，可选练快板、戏曲、曲艺说白的贯口段子，要求呼吸控制急而不促、快而不乱、长而不喘。

①快板儿书

给诸位，道个喜，人民政府了不起！

了不起，修臭沟，上边儿先给咱们穷人修。

请诸位，想周全：

东单、西四、鼓楼前；

还有那，先农坛、天坛、太庙、颐和园；

要讲修，都得修，为什么先管龙须沟？

都只为，这儿脏，这儿臭，政府看着心里真难受！

好政府，爱穷人，教咱们干干净净大翻身。

修了沟，又修路，好教咱们挺着腰板儿迈大步；

迈大步，笑嘻嘻，劳动人民又心齐。

齐努力，多做工，国泰民安享太平，享—太平！

——选自老舍剧作《龙须沟》

要求：由一般速度的练习开始，逐渐加快速度。气息、吐字要配合好，气息通畅不紧，吐字清晰利落，感情有起伏扬抑的变化。

②贯口段子练习

大宋朝文堰伯，幼儿倒有伏囵之志，司马文公倒有破瓮救儿之谋，汉孔融四岁让梨，懂得谦逊之礼。小黄香九岁温席奉香，秦甘罗一十二岁身为宰相。吴周瑜七岁学文九岁习武、一十三岁官拜水军都督，执掌六郡八十一州之兵权，施苦肉陷连环借东风借雕翎火烧战船，使曹操望风鼠窜，险些命丧江南，虽有卧龙凤雏之相帮，那周瑜也算小孩子当中之魁首。

③戏曲念白

《红楼梦》中丫鬟小红在凤姐面前快口利舌的一段表演。

小红回二奶奶：

"回二奶奶的话，我照奶奶的示下告诉姐姐：外屋桌子上汝窑盘子架儿底下放着一卷银子，那是一百二十两……给绣匠的工钱；等张材家的来，当面秤给她瞧了，再给她拿去。平姐姐说：奶奶刚出来，她就把银子收起来了，张材家的来取，已经当面秤给她拿去了。平姐姐还叫我来回奶奶：刚才旺儿进来讨奶奶示下，好往那家子去，平姐姐就按照奶奶的主意打发他去了。平姐姐叫旺儿对那家子说：我们奶奶问这里奶奶好。我们二爷没在家，虽然迟了两天，只管请奶奶放心。等五奶奶好些儿，我们奶奶还要会了五奶奶来瞧奶奶呢。

五奶奶前儿打发来说：舅奶奶带了信儿来了，问奶奶好，还要和这里的奶奶寻几丸延年神验万金丹；若有了，奶奶打发人来，只送在我们奶奶这里——明儿有人来，就顺路给那边舅奶奶带去了。"

（3）快吸慢呼的训练

选择发音响亮的音节组成的人名，比如：阿毛、阿花、小兰、小安、小刚……。

假设这个熟识的小安在远处，你发现了他，要喊他，迅速地抢吸一口气，然后拖长腔喊他。

4. 呼吸控制运动状态的训练

（1）结合成语训练

阴阳上去

兵强马壮　　光明磊落　　山穷水尽　　山明水秀　　山盟海誓　　千锤百炼　　灯红酒绿
高朋满座

飞檐走壁　　飞禽走兽　　风调雨顺　　发凡起例　　心怀叵测　　心直口快　　心毒手辣
幡然悔悟

心明眼亮　　妖魔鬼怪　　优柔寡断　　安常处顺　　阴谋诡计　　花团锦簇　　思前想后
身强体健

鸡鸣狗盗　　鸡鸣犬吠　　妻离子散　　呼朋引类　　金迷纸醉　　经年累月　　膏粱子弟

深谋远虑

孤云野鹤　孤行己见　轻裘缓带　胸无点墨

去上阳阴

逆水行舟　妙手回春　热火朝天　兔死狐悲　驷马难追　信以为真　自以为非
耀武扬威

背井离乡　遍体鳞伤　步履为艰　倒果为因　地广人稀　调虎离山　众寡悬殊
字里行间

奋起直追　叫苦连天　救死扶伤　刻骨铭心　墨守成规　木已成舟　袖手旁观
异口同声

暮鼓晨钟　破釜沉舟　梦想成真　瘦水寒山　视死如归　四海为家　物腐虫生
覆水难收

痛改前非　万古长青　万马齐喑　下笔成章

（2）结合绕口令训练

学好声韵辨四声，阴阳上去要分明。部位方法要找准，开齐合撮属口型。

双唇班报必百波，舌面积结教坚精。翘舌主争真知照，平舌资则早在增。

擦音发翻飞分复，送气查柴产彻称。合口呼午枯胡古，开口高坡歌安争。

撮口虚学寻徐剧，齐齿忆依摇曳英。前鼻恩因烟弯稳，后鼻昂迎中拥声。

咬紧字头归字尾，阴阳上去记变声。循序渐进坚持练，不难达到纯和清。

（3）结合格律诗训练

格律诗由于具有严格的平仄对仗，因此尽显汉语声调的音韵美。声调调值读不准，则不可能有韵律美。朗读时要求如下：

第一步，按呼吸控制运动状态与声调结合的要求，用较慢的速度将音节颗粒清楚地读出。特别是韵脚音节要读得饱满（指声母、韵母、声调都要到位）。

第二步，结合诗的情景、情绪、意境，在朗读时要言有所指、情有所动、积极交流，不能有字无句、有句无意。声情并茂是此练习最终的要求。

5. 换气训练

（1）换气的要领

呼吸控制的换气练习，是实际应用中最重要的练习。话筒前呼吸的弱控制，也体现在换气方式上。不必在话筒前表演你一口气能说多长的话，而是随说话语意的自然语段，不断地补气、换气。换气的总要求是：句首换气应无声到位，句子当中应小量补充，句子之间应从容换气，句子结尾应该余气托送。要达到以上要求，除了掌握基本状态时的"保持两肋支撑感时调节腹肌的吃力状态控制呼吸"以外，还应掌握一些常用的换气、补气技巧。

（2）"偷气"的基本方法

"偷气"：以极隐蔽的方式，不为人察觉地迅速进气，是播音时常用的补气方式。在实际掌握时，只要呼吸通道保持通畅，"偷气"只是腹肌在一瞬间的松弛动作。"偷气"常用于句子。

第二卷 现代婚礼主持人

第一章 礼仪主持人概述

（一）礼仪主持人概述

司仪：司者，动词，管理、统筹、执行、分配的含义；仪者，名词，仪礼及仪式的意思。所谓的司，有管理、驾驭的意思；所谓的仪，指节目，当然也包括很多活动，即"仪式"的意思，那么把控执行仪式的人就被称为"司仪"了。

传统意义上的"司仪"则具备更广泛的意义，古代的"司仪"是一名管理者，包含：①官名、职位。《周礼·秋官》有司仪，负责接待宾客的礼仪。②举行典礼时报告进行程序的人。③在举行典礼或大会时报告进行程序。现代普遍所认知的"主持人"是活动流程的推进者，这一职能是传统意义"司仪"职能的一部分，而这部分职能在古代被称作执礼官或赞者。执礼官或赞者在流程推进的过程中往往是以竹简或黄帛用照本宣科的形式表现出来，不会有自己的语言和情感加在其中。

礼仪主持人：2005 年 12 月 12 日，国家劳动和社会保障部向社会发布第 5 批与人们日常生活及高新技术息息相关的新职业。以从事礼仪活动方案策划、程序推进、气氛调节和关系沟通等工作的"礼仪主持人"为代表的 10 个新职业，由劳动和社会保障部正式向社会公布。这是我国发布的第五批新职业。"司仪"一词也被礼仪主持人所取代。现在的北京、上海、天津等大都市早已把婚礼司仪称为婚礼主持人。可见，主持人已经成了司仪的代名词。

（二）礼仪主持人的素质

礼仪主持人的素质包括两个方面：精神素质和业务素质。

精神素质包括：职业道德精神、高尚道德情感、完美的人格、较强的应变能力、良好的心理素质。

业务素质包括：深厚的文化底蕴，礼仪主持人要做到广、博、精、深；有良好的语言素养，普通话标准，有较强的口语表达能力；声音具有穿透力、感染力、表现力；还应具备临场应变和即兴表达的能力；策划和组织操控能力；组织协调能力；分析判断能力；领导决策能力；语言逻辑表达能力；时间管理能力；高效率工作能力；另外主持人也应有个性鲜明的主持风格，具备良好的形象气质。概括来说：

1. 强烈的责任心。主持工作复杂而又多变，强烈的责任心是主持人的基本素质。

2. 主持人是一场活动或婚礼的灵魂，但灵魂是可以感知而不可以凸显的，要有甘当绿叶的精神，主持人在舞台上不是炫耀自己，而是以突出主角为主。不少主持人在舞台上口若悬河、滔滔不绝，宾客注意力都为他所吸引，主角沦落为被支配的木偶，主持人应该帮助主角真正完成活动，达到预期的效果，即活动目的。

3. 经验丰富，细节周密。大多数主办方缺少专业活动的策划和执行的经验，需要主持人在各个流程及步骤上提供相对专业的建议和意见，并能够帮助其更好的执行。

4. 追求新意。在各环节的内容安排上根据不同的情况有所创新，能更好地表达出主办方的意愿。

现在广泛意义上的礼仪主持人分为两大板块：婚礼主持人和商业主持人。

（三）婚礼主持人的职责

婚礼主持人在婚礼仪式当中承担着贯穿整个婚礼流程的重要作用。

1. 婚礼主持人应在婚礼筹备期与新人见面，辅助相关人员沟通安排婚礼当天的情况并根据不同要求参与策划当天的婚礼流程。

2. 根据不同地域，建议主持人要在婚礼前一天到达仪式现场与新人再次沟通、确认，并进行彩排。

3. 婚礼当天主持人应在新人到达仪式现场前 90 分钟就位，并与相关工作人员协调，确认典礼仪式中所需物品及人员准备就绪；存在特殊风俗的婚礼，主持人应配合完成其风俗。例如，接亲、迎亲、送亲等。

4. 典礼当中主持人的语言应该做到文明、准确、时尚、流畅，符合新人的主观意愿，做到将整个仪式流程顺利推进。

5. 根据地域不同，有些地域的主持人在仪式礼成后便结束自己的工作；典礼结束后有些地域的主持人会陪同新人向来宾敬酒，有些地域的主持人在婚宴当中担当着演艺主持人的角色，并使现场气氛活跃……

（四）礼仪主持人的学习方法

踊跃登台，开口说话。

气息调整，发声练习。

语言表达，稿件背诵。

情绪控制，应变训练。

模拟演练，现场观摩。

炉火纯青，感同身受。

（五）婚礼主持人的要求

感激：主持工作完毕，应感谢所有为本场仪式付出的相关人员。

信任：主持人要成为新人值得信赖的朋友。

信心：主持人必须要对自己有信心。

观察：主持人要学会观察，观察新人和来宾的反应及现场工作细节，以确保仪式顺利完成。

总结：主持人应在每场仪式完成后进行自我总结。

目标：主持人要有目标，没有目标的主持人无法实现职业生涯的飞跃。

努力：主持人要将每场婚礼精心打造成一件完美的作品。

兴趣：主持人要爱岗敬业，使自己的职业成为兴趣。

付出：作为主持人要懂得付出，无论是在时间、精力还是体力上。

用心：用心去完成的工作，用心去表达的话语，才最打动人心。

想象力：主持人要有发散性思维，再从中择优，以便达到最好效果。

阳光：主持人要把正面、积极的一面带给大家。

知识：主持人要有丰富的文化底蕴，要不断地学习，提高自己。

礼貌：礼貌和谦逊是主持人的职业素养。

自然：主持人台风要自然、大方、稳重，切忌哗众取宠、喧宾夺主。

创新：在这个行业里，尽量避免雷同，要敢于创新。

资讯：主持人应随时关注各方面时事报道。

尊重：要对主办方、团队人员及相关的工作人员给予同等的尊重。

微笑：主持中一个很重要的要求，拉近与所有人的距离，增加主持人的亲和力。

分享：懂得分享的人才最快乐。

原则：主持人要有自己的原则和道德底线。

团结：主持人需要拥有协作配合的态度，以确保工作圆满。

智慧：一场活动的灵魂是主持人，灵活地运用自我的智慧，才能让活动现场达到最佳效果。

（六）婚礼主持人守则

1. 主持人要确定自我定位，永远是新人的配角，新人是主角。

2. 主持人要注意自己的仪容、仪表和仪态，保持整洁的外表。

3. 主持人要有自己的主持风格、有独特创新的主持词语。

4. 主持人要具备扎实的基本功，让所有人能听清并听懂自己所阐述的内容。

5. 主持人应用词得当，要注意礼貌用语，以示尊重。

6. 主持前要把自己的手机调成静音，关机或找专人保管，不能在台上随意接听私人电话。

7. 主持人婚礼中要和相关工作人员沟通，不能高高在上。

8. 婚礼主持人要有明确的自我价值定位，不应盲目调价，摆清自己的位置。

9. 主持工作完成后，主持人在离场时应和新人及父母道别。

10. 主持人要和新人建立友好关系，并能有效沟通。

11. 主持人对当地的婚礼风俗要了解并尊重。

12. 主持人在主持婚礼中要能保持态度及观点的中立、客观。

13. 主持人要有丰富的婚礼和婚俗知识，要有丰富的舞台经验和掌控能力。

14. 婚礼中无须吹毛求疵，只要婚礼能够顺利地完成就是成功的主持。

15. 婚礼主持不宜照本宣科，要尽量加入情感和自己的话语。

16. 主持婚礼时不要纠结于某一点错误（无论是自己的还是别人的），继续流程的推进。

17. 婚礼主持人要注意对话语节奏的把控，无论是自己还是其他人。

18. 主持时要熟悉新人、证婚人、主婚人、父母等人的详细资料；主持前一定要再三确认。

19. 主持时不要受外界的影响，按部就班地进行。

20. 主持时应按照与新人及其父母已确认的程序执行，避免节外生枝。

21. 主持时来宾增加临时环节，要与新人及策划师确认后方可执行。

22. 婚礼主持人要在仪式前90分钟到达现场，以便熟悉环境和做好准备工作（包括道具用品、音响、大屏幕等设备）。

23. 婚礼主持人在仪式开始前要饮用温开水，切忌饮用冰水及其他酒水饮料。

24. 婚礼主持人没有性别之分，只有能力的强弱和水平的高低。

25. 婚礼主持人要坚持每天练习基本功。

26. 婚礼主持人要尊重并遵守行业内在规则。

（七）关于婚礼主持人的常见问题

Q：第一次见面，可以从哪些方面判断该主持人能否胜任婚礼？

现在的新人选择主持人，或者婚礼公司推荐主持人的时候，可能经验和业内的知名度是首要条件，但是也有很多新人反馈的信息表明，"名嘴""金牌"并不一定代表100％的满意，选择一位真正适合自己婚礼仪式的主持人才是重要的，大致可以从以下几个方面来考虑：

1. 作为主持人的基本素质：这个是最基本的条件。普通话是否标准流利、形象气质是否与你的婚礼格调符合、仪态仪表是否得体、是否有良好的沟通能力和表达能力、是否有丰富的婚礼婚俗知识。主持人可以长相平平，但气质和谈吐应该是和你想要的婚礼气氛感觉吻合的。比如你想要个偏西式的证婚仪式，那么相声出身的主持人就不是很适合了。

注：在选择婚礼主持人的时候，更多地应该去侧重主持人的语言能力和主持技巧水平，而不应过分看重声音条件。

2．年龄和阅历：虽然主持人年轻化是现在的趋势，但是要考虑婚礼的来宾组成，如果新人比较年轻，来宾也以同学同事等年轻人为主，可以考虑和自己年龄相仿的主持人。如果长辈很多，还是要考虑较为成熟的主持人。目前大家选择较多的主持人是在 25—40 岁之间。

3．从业经验：包括从事婚礼主持工作时间的长短，是专职婚礼主持人还是兼职，一共主持过多少场婚礼。从业经验是作为一个需要了解的职业背景参考，但不是选择主持人的最主要条件，也不是经验越多越好，有的主持人可能有十几年的主持经验，一年之中的场次也非常多，这样也有可能陷入大同小异的模式化，也可能对近些年不断变化的婚礼流行趋势接受度较低。选择适合自己的才是最重要的。

4．看以前主持过的视频：看婚礼仪式中主持人的主持是否流畅、台风是否自然得体、是否能充分调动气氛、是否语言文明没有低俗不雅的段子、是否太过于自我表现而抢了新人的风头。有的经验比较少的主持人，前期见面的时候热情又大方，结果上了台之后紧张得有点结结巴巴。如果觉得朋友的婚礼中某主持人表现非常好，则可以优先考虑。

5．沟通的时候是否有责任心，是否能做到以客为尊。能否认真倾听你们的婚礼想法和要求，提供有经验的建议，根据你们的情况合理调整他所习惯的婚礼流程，认真负责地为你们解决某些问题。如果你发现他对你的事总是心不在焉、不紧不慢，或是非常坚持自己习惯的流程，您可以考虑做其他选择。

Q：**有哪些事是双方必须沟通的？**

新人想要的婚礼气氛是最主要的，如果有策划师做的流程可以拿出来给主持人参考，另外还有家庭背景和特殊情况，比如不希望表现两个人是在工作中认识的或者有一方是单亲家庭、来宾大多数是军人、商界人士或公务员等等，这些都会有益于主持人对现场的把握。

Q：**新人在挑选主持人时应避免哪些误区？**

1．首先要提醒大家的是：知名度高的主持人不一定适合你。一定要看过现场视频或现场之后再下定论。还有电视台的主持人，声音形象固然没有问题，但是第一，如果是录播节目的主持人，临场和应变能力可能会很差。第二，很多专业主持人在婚礼文化上不专业，在婚礼主持专业话术上也不够了解。

2．看视频主要是了解主持人的声音、台风以及是否紧张、是否过于自我表现、是否能调动现场气氛、是否有不雅的语言等，也并不代表你的婚礼就会一模一样。优秀的主持人，既可以做中国传统婚礼也可以做偏西式现代婚礼，也会根据新人的特点和来宾的层次、年龄做出不同的调整。

3．有很多性格稍微内向的新人都想要"少说话"，但"少说话"并不代表主持人口若悬河、滔滔不绝、宾客的注意力都被他吸引，而新人在后面傻傻地站着或者成为提线木偶。

4．创意适度，注重团队配合。早前的婚礼流程、音乐、亮点设计都是由主持人来做的，可是现在的婚礼大多数都是由婚礼策划师来统筹协调，如果主持人有灵光一闪的创意没有跟策划师沟通，当天牵涉的音乐、灯光、舞美效果，甚至督导、新娘秘书、开门的人都会受到影响，产生混乱，所以即兴发挥或者临场机动的问题不要偏离主线，所有的细节都是事先确认过的才能保证顺利圆满。

Q：**怎样根据婚礼风格和预算来选择主持人**？

首先要明确自己对主持人的重视程度和预算。比如都是非常亲近的好友的小型婚礼，长辈不多，对仪式的要求不高的话，可以请自己的朋友来担任主持人；如果两个人比较喜欢表现自己，也安排了丰富的才艺表演，就可以请一位声音形象都不错的综艺型主持人来串场，甚至是画外音的形式；如果是轻松浪漫的户外婚礼，三十几岁稳重大方又讲究品位的主持人最适合；如果大型婚礼长辈又多，可能经验丰富、有人生阅历的四十岁左右的主持人就更合适了。了解不同主持人的背景和资历，比如有的主持人是兼职的教师、医生，有的是相声、二人转演员；有的之前做综艺节目主持人。再有就是看现场视频。通常情况下，经验越多、业内名气越大的主持人价格也越高。事先考虑好自己的需求。

Q：婚礼主持人需要提前多久预定？签订合同的时候应该对婚礼主持人提出什么要求？

1. 推荐的时间是婚礼前三个月到半年预定，旺季最好能再提前。一般预定是以签合同交定金为准，口头约定并不保险。

2. 婚礼前一个月左右主持人应该与新人见面沟通，也不建议沟通太早，如果是旺季的时候可能优秀的主持人一个月有六七场，甚至有的上、下午赶场，沟通太早可能主持人会记不清细节。还有就是所有的要求和确认的细节都要记录下来。

3. 主持人最好能参加婚礼前一天晚上的彩排，婚礼当天要在新人到达之前到场，调试音响试麦克等前期准备工作，并引导来宾去迎接新人。

4. 根据地域不同，主持人在工作结束后离开现场，不在现场用餐饮酒、不私拿客人财物、不索要红包，已经是比较通行的职业道德，要提前跟新人或婚礼公司的人确认清楚。

（八）婚礼主持人的风格分类

由于新人及婚礼的不同需求，每一位婚礼主持人都应该掌握不同的主持风格，以便适应市场，应对不同的婚礼。

目前市场上常见的主持风格有以下几种：

1. 热情洋溢型

语速：偏快——每分钟在 240—260 字左右。

声音：上扬——句尾或段落结尾处语气上扬。

情感：激昂——精神振奋、情绪饱满。

肢体：幅度较大——适度活泼、不宜夸张。

服饰搭配：时尚新潮——不宜过分怪异、夸张、暴露。

音乐选择：活泼轻快——以活泼风格为主，要根据具体环节有所选择和设计。

2. 庄重大方型

语速：中等——每分钟 200—200 字左右。

声音：厚重、洪亮——听起来稳重、不轻佻，有停连，起伏较小。

情感：庄严——情感上保持中立。

肢体：幅度较小——不宜有太多的肢体动作。

服饰搭配：成熟稳重——不要老气横秋。

音乐选择：大气磅礴——音乐选择不宜吵闹。

3. 温情委婉型

语速：偏慢——每分钟 160－180 字左右。

声音：波浪形——虚实结合、抑扬顿挫。

情感：投入——感同身受、情感丰富。

肢体：优雅——行随心动、温文尔雅。

服饰搭配：知性大方——不宜有过度修饰。

音乐选择：轻柔——以钢琴曲、小提琴曲为宜。

4. 自然诙谐型

语速：自然——根据主持人自身习惯或阐述的内容而改变。

声音：轻松随意——听起来随意，但吐字归音要标准。

情感：外松内紧——外表状态松弛但内心思维缜密。

肢体：放松——肢体动作随表达内容而动，松弛但不懒散。

服饰搭配：得体——着装造型符合整场婚礼氛围。

音乐选择：轻松——选择和语感同频的音乐。

（九）婚礼主持人的自我营销

婚礼主持人的营销是现代商业行为里的一种，主持人要敢于营销，要会通过现代营销方式去推销自己。

1. 主持人的个人营销

主持人个人的营销大概是两个方面的宣传与推广：一是面对自己的服务对象——

新郎新娘，其实也是面对自己的准客户——即将要结婚的年轻人群体；二是各个婚礼公司，要让婚礼公司了解你的水平，以便能向更多的新人推荐你。

（1）如何向准客户推销自己

每个人对婚礼的要求是有着很大差异的。作为主持人，我们应该有能力主持各种不同风格的婚礼，努力多做一些内容新颖、形式多样的婚礼个案，杜绝简单重复。

①提升自身修养，包括主持人基本功的不断训练、婚礼知识不断储备以及婚礼场次的不断积累。

②善于倾听理解新人或婚礼策划师的意图，这样会使对方与自己合作时感到轻松愉快，促成转介绍或二次合作。

③自我心态的调整。主持人应具有较高责任心，婚礼中会有很多新人无法顾及或不懂得的细节，主持人需要认真负责，给新人留下深刻的印象。

（2）如何向婚礼公司推销自己

主持人起步成长的时期，是最艰难的阶段，由于舞台经验不丰富、知名度不高，婚礼主持水平有待提高，此时更重要的是向婚礼公司推销自己。

①有明确的自我价值定位，着眼大局，不计较单一场次的费用或工作内容的多寡，多积累舞台经验、多学习婚礼知识才是首要任务。

②具有高尚情操和职业道德。婚礼公司会看到你的职业素养和职业操守，才会将合作继续下去。

③善于总结，不断成长。总结每场婚礼的优势和不足，使自己的主持水平越来越高，实现主持生涯的持续发展。

④照顾幕后工作人员。一场婚礼的成功举行是全体婚礼工作人员努力的结果。

2. 主持人团队的营销

主持人组合，也叫主持人团队，是这几年在婚礼行业悄然出现的一种现象，主持人团队的组建，相对于原来单打独斗、散兵游勇的状态来讲是一种新的形式、新的策略、新的营销方式，团结在一起更加增强了主持人的影响力，更加有利于主持人综合素质的提高，更加有利于主持人服务新人水平的提高。刚入门的主持人在选择团队或组建团队的时候需要注意以下问题：

主持团队有小团队与大团队的区别，其组建和管理的方法及原则是不一样的。6人以下的小团队组建的原则总结为"八相"："志趣相投，能力相仿，水平相当，文化相似，品行相近，驻地相邻，平时相亲，忙时相助"。大多数主持人小团队的成员都在一个城市居住，地域的方便使他们有更多的时间在一起讨论学习，相互帮助，形成合力；大的团队组建原则要宽泛很多："三分看能力，七分看品德"。一个没有知识的人可以用道德来弥补，一个没有道德的人，是任何知识都弥补不了的。主持人要有道德修养，要多读书，主持的水平才能不断提升，而勇于担当、敢于负责的胸怀，为人正直、谦虚善良的性格不是一朝一夕之功。

当然，不管大小团队，里面都有共性的东西。

(1) 团队要有效益。作为一种工作和职业，主持人团队一定要产生效益，维持团队成员的生活水平，促使团队成员同心合力地发展。

(2) 团队要有章程。国有国法、家有家规，制度明确，严格遵守。这样可以增加团队的凝聚力，促进团队的不断发展。

(3) 团队要有文化。团队文化更有助于团队吸纳人才，具有共同思想的人，凝聚力才更强。

(4) 团队要有核心人物。核心人物的思想和素养决定了团队的发展方向。

主持人营销的过程也是主持人成长的过程，不但是主持水平的进步，更是思想、性格、品质的进一步完善，使我们的人格更加丰满，使我们的技术更加精湛，使我们的力量更加强大。这些都要源于我们的共同努力，所有远大的抱负和理想还要从脚下做起，打好基础，努力前行！

（十）上场前心理调节和准备

1. 什么是紧张

紧张是人体在精神及肉体两方面对外界事物反应的加强。紧张的程度常与生活变化的大小成比例。紧张使人坐立不安、思考力及注意力不能集中，头痛、心悸、腹背疼痛、疲累。刚入门的主持人通常表现为大脑空白（忘词、忘流程）、颤抖、语无伦次、脸红、来回踱步、笑场、着急得落泪，普通的紧张都是暂时性的。突发性的紧张是一种恐惧感。

2. 紧张的原因

紧张源于对未知的恐惧。紧张是因为想博取别人好的关注，又存在对未知的恐惧。这并非自信能根本解决的，因为未知的东西对于你来说永远是不可预测的。

入门级的主持人紧张的原因包括：

环境的改变——被别人所关注和对自己的话语负责任。

专业度不够——对本职业不够熟悉和对所要主持的行业文化底蕴不够。

自信心不足——自我心理估值不准，偏高或偏低，不能做到正确评价自己。

负面影响力——中国传统思想教育及儿时家长或老师的批评和不认可。

词汇量不足——不注重平时积累，做不到动脑或动笔记录。

太在乎结果——对结果的期望值过高或对别人的眼光过分关注。

3. 演讲紧张

第一，对于在众人面前言谈存在一种恐惧，这是一种对未知、潜意识里的恐惧，并非个别现象，除非他从小习惯了在众人面前说话，众人对其很友好，而且他身边没有对他表示负面情绪的人。有一份调查报告表明，在参加口才学习的学生中，大约百分之九十的学员在刚上课时，均有上台的恐惧，甚至于高达百分之百。

第二，轻微的恐惧感来源于对别人目光的意思的未知，因为我们本身拥有一定的信心与勇气，所以当我们受到众多未知目光的挑战时，我们以自我为中心的思想也被激发出来。当我们脉搏加快、呼吸急促时，此时身体是在为即将到来的行动做准备。如果生理准备正好适度的话，你会因此思考得更快，话也说得更流畅，反而会比普通情况下说得更加精彩。这就是我们常说的兴奋。

第三，就连许多从事职业演说的朋友也表示，他们几乎从未完全摆脱过紧张感。每次都会有害怕的感觉产生，一直持续到开口演讲前的几句话。

第四，主要的原因是不习惯。《思想的形成》的作者鲁滨逊讲过："恐惧来源于无知与不确定。"对多数人而言，当众演讲是一种不确定因素，因此心里总不免有焦虑和恐惧。尤其是演讲新手，这种特征尤为明显。怎么办呢？抓住每次登台的机会或经常练习。当拥有了演讲经验之后，讲话便不再是痛苦，反而可能成为一种表达自我的享受了。

第五，演讲最根源其实总结就两个方面。①期望值。你对于一件事情有一个很高的期望值，很希望自己能在当众演讲时把自己最好的一面展现出来，让他人认同自己。②把握度。往往你对于这件事情没有足够的把握度，中间就会以紧张代替，期望值越高把握度越低，你的紧张也就越大。

以上是登台演讲的五种典型因素，不过，登台恐惧实际上是正常的，要学会运用好这种恐惧感，通过克服它，提升的不仅仅是演说能力，还有勇气、信心和对成功的向往。

4. 如何消除紧张

从根本上来说，一是要降低对自己的要求：一个人如果十分争强好胜，事事都追求完善，事事都要争先，自然就会经常感觉到时间紧迫，匆匆忙忙（心理学家称之为"a型性格"是指拥有 a 血型的人的性格。脾气比较火爆、有闯劲、遇事容易急躁、不善克制、喜欢竞争、好斗、爱显示自己才华，对人常存戒心等）。而如果能够认清自己和精力的限制，放低对于自己的要求，凡事从长远和整体考虑，不过分在乎一时一地的得失，不过分在乎别人对自己的看法和评价，自然就会使心境松弛一些。二是要学会调整节奏，有劳有逸。在日常生活中要注意调整好节奏。工作学习时要思想集中，玩时要痛快。还要保证充足的睡眠时间，适当安排一些文娱、体育活动，做到有张有驰，劳逸结合。

当一个人已经出现了紧张的情绪反应时，该怎么调整呢？对于这种情况，人们习惯上常常会劝慰当事人"别紧张""有什么大不了的"，而当事人自己也通常会这样告诫自己"别紧张！""有什么了不起的！"然而，十分不幸的是，这种办法几乎是行不通的，实际上这会使人感到更加不安。因为这是和自己过不去，在给你制造更大的紧张。正如有句话所说的"情绪如潮，越堵越高"。

当紧张的情绪反应已经出现时，有效的调适方法应该是：坦然面对和接受自己的紧张。

你应该想到自己的紧张是正常的，很多人在某种情境下可能比你更紧张。不要与这种不安的情绪对抗，而是体验它，接受它。要训练自己像局外人一样观察你害怕的心理，注意不要陷入到里边去，不要让这种情绪完全控制住你："如果我感到紧张，那我确实就是紧张，但是我不能因为紧张而无所作为。"此刻你甚至可以选择和你的紧张心理对话，问自己为什么这样紧张，自己所担心的可能最坏的结果是怎样的，这样你就做到了正规并接受这种紧张的情绪，坦然从容地应对，有条不紊地做自己应该做的事情。

（1）做一些放松身心的活动。具体做法是：

①选择一个空气清新、四周安静、光线柔和、不受打扰，可活动自如的地方，取一个自我感觉已经舒适的姿势，站、坐或躺下。

②活动一下身体的一些大关节和肌肉，做的时候速度要均匀缓慢，动作不需要有一定的格式，只要感到关节放开，肌肉松弛就行了。

③做深呼吸，慢慢吸气然后慢慢呼出，让你的大脑充分接受氧分子，每当呼出的时候在心中默念"放松"。

④将注意力集中到一些日常物品上。比如，看着一朵花、一点烛光或任何一件柔和美好的东西，细心观察它的细微之处。点燃一些香料，微微吸它所散发的芳香。

⑤闭上眼睛，着意去想象一些恬静美好的东西，如蓝色的海水、金黄色的沙滩、朵朵白云、高山流水等。

⑥做一些与当前具体事项无关的自己比较喜爱的活动。比如与人聊聊天、听听音乐等。

（2）以下所推荐的方法，应该可以消除紧张，在它变为有害之前把它化为乌有。

①肌肉放松运动：有许多方法可以使人松懈下来。然而问题却在于一般人似乎把注意力集中于如何去找个时间"远离俗务，眼不见为净"。要逐渐学会放松身体的本领，在遇到困难时，这种本领会对你有帮助的。

②呼吸运动：深呼吸能有效地改善心肺功能，也能减少紧张。平时要养成深呼吸的习惯，使人的大脑充分氧化。如果你开始觉得紧张感逐渐增加时，立刻缓缓地做几分钟深呼吸，其结果是你在精神上的紧张感会减轻几分。

（3）你可以尝试用以下方式来缓解主持时的紧张情绪

①微笑——当你特别紧张时，不妨面带微笑。为此，请你放松你的下巴，抬起你的脸颊，张开你的嘴唇，向上翘起你的嘴角，用轻松欢快的节奏对你自己说"我可以的"，它将使你意识到脸、心和脑之间的联系，这种联系的价值就是使你心中和脑部的

快乐反映在脸上，呈现出你所预想的愉快表情：放松、清醒、警惕，看起来既舒服，又给人以有能力的感觉，仿佛你已真正放松和满足。研究证明，当人们微笑时，大脑接收的讯息通常是积极的，并且能使身体处于放松和满足状态；当人们处在焦虑和恐惧中时，微笑也能产生同样的效果。无论你是否意识到微笑对自我控制紧张感所起到的作用，这种"人为的"努力表明了大脑在毫不怀疑起真实性的情况下对外部讯息做出了积极有效的反应。

②对自己传达积极的讯息，给自己一个积极的暗示语如"不过如此，我可以做得很好"，然后，把这种暗示和微笑一起，让自己整个的状态变得积极起来。

③运用想象力，这个说的时候，你可以利用"冥想"（是一种改变意识的形式，它通过获得深度的宁静状态而增强自我知识和良好状态。），想象你站在一个硕大的舞台上，璀璨的灯光洒满全场，鲜花的陈设、道具的布置以及几百双眼神关注着你，这样可以让你提前进入状态，减轻之后的紧张感。

④把注意力转移到即将开始的主持过程中，默念几遍主持词、回忆一下活动流程、检查一下所需道具等等。

⑤适当多喝一些温水，来调节一下自己的生理状态。

⑥你要知道，在台下落座的往往都是非专业人士，只要不出大的差错，大家都视同主持顺利。就算有专业人士在场，你要表达或主持的内容只有你自己最清楚，不要过分顾及他人意见。

⑦与别人在一起时，不论是正式与非正式的聚会，开始时不妨手里握住一样东西，比如一本书、一块手帕或其他小东西。握着这些东西，对于害羞的人来说，会感到舒服而且有一种安全感。

⑧学会毫无畏惧地看着别人，并且是专心的。当然，对于一位害羞的人，开始这样做比较困难，但你非学不可。试想，你若老是回避别人的视线，总是盯着某一道具或天花板会让人感觉你很不自在，很紧张，导致压不住场。

⑨有时你的羞怯不完全是由于过分紧张，而是由于你的知识领域过于狭窄，或对当前发生的事情知道得太少。假若你能经常读些课外书籍、报刊杂志、开拓自己的视野，丰富自己的阅历，你就会发现，在主持过程中你可以毫无困难地表达你的意见。这将会有力地帮助你树立自信，克服羞怯。

第二章　婚礼习俗

（一）婚俗概论

婚礼：告知两个人相结合，按一定时间、礼节而做的风俗仪式。

婚俗是中国历史与传统文化的产物，随着时代的变迁，婚礼的方式也逐渐在传统婚礼文化的基础上，向着个性化、多元化、特色化的方向发展，婚礼仪式、婚宴形式、蜜月旅行的方式等都有所变化。

20世纪40年代婚礼，重视证婚人；50年代婚礼，朴素似白纸；60年代婚礼，只给一包糖；70年代婚礼，新人骑车到洞房；80年代婚礼，司仪初登场；90年代婚礼，酒席讲排场；现代婚礼仪式多元化。

现代人对婚礼纪念意义的追求不仅表现在表面上的奢华，同时也更加浪漫和张扬个性。年轻人对婚礼有了更多的想法和创新。

此外，婚礼的地域场所也在发生着变化，婚礼从室内改变成室外，甚至空中和海边，别墅婚礼、草坪婚礼、海底婚礼、热气球婚礼等都成为新人们的个性化婚礼。

结婚周年纪念的命名

Paperwedding	纸婚（结婚一周年）	
Calicowedding	布婚（结婚两周年）	
Muslinwedding	皮婚（结婚三周年）	
Silkwedding	丝婚（结婚四周年）	
Woodwedding	木婚（结婚五周年）	
Ironwedding	铁婚（结婚六周年）	
Copperwedding	铜婚（结婚七周年）	
Electricappliancewedding	电婚（结婚八周年）	
Potterywedding	陶婚（结婚九周年）	

Tinwedding	锡婚（结婚十周年）	
Steelwedding	钢婚（结婚十一周年）	
Linenwedding	亚麻婚（结婚十二周年）	
Lacewedding	花边婚（结婚十三周年）	
Ivorywedding	象牙婚（结婚十四周年）	
Crystalwedding	水晶婚（结婚十五周年）	
Chinawedding	瓷婚（结婚二十周年）	
Silverwedding	银婚（结婚二十五周年）	第一大典
Pearlwedding	珍珠婚（结婚三十周年）	
Rubywedding	红宝石婚（结婚四十周年）	
Sapphirewedding	蓝宝石婚（结婚四十五周年）	
Goldenwedding	金婚（结婚五十周年）	第二大典
Diamondwedding	钻石婚（结婚六十一—七十五周年）	

（二）西方婚礼婚俗

1. 婚俗中的含义

（1）钻石订婚戒

这个传统始于 15 世纪，当时奥地利大公麦西米伦以钻戒向玛丽许下海誓山盟。当时，他的亲信呈文献言："殿下，在订婚时，您必须送一枚有钻石的戒指。"麦西米伦纳言。这个仪式从此流传至今，已有数世纪之久。

（2）新娘要戴手套

手套是爱的信物。在中世纪，许多绅士送手套给意中人表示求婚。如果对方在星期日上教堂时戴着那副手套，就表示她已答应他的求婚。

（3）婚戒要戴在左手无名指上

中世纪的新郎把婚戒轮流戴在新娘的三个手指上，以象征圣父、圣子和圣灵三位一体，最后就把戒指套在无名指上。于是左手的无名指就作为所有英语系国家传统戴婚戒的手指。

（4）钻石被视为爱情的最高象征

热能和压力孕育出颗颗结晶的钻石。钻石是人类目前所知自然界硬度最高的物质。在古代，人们并没有切割钻石的工具和技术。钻石因此自然成为永恒不渝的爱情象征，孕育钻石的热能就代表着炽热的爱。

（5）新娘要戴面纱

最初，新娘的面纱象征着青春和纯洁。基督徒的新娘或戴白色面纱，以表示清纯和欢庆，或戴蓝色面纱，以示如圣女玛丽亚般纯洁。据说，当年美国首位第一夫人玛莎·华盛顿的孙女妮莉·华莱士在结婚时别出心裁地披着白色的围巾，掀起一种风尚。这就是今天新娘戴白面纱习俗的由来。

（6）新娘穿白色礼服

从罗马时代开始，白色象征着欢庆。在 1850 年到 1900 年的维多利亚女王时代，白色也是富裕、快乐的象征。后来则加强了圣洁和忠贞的意义，形成了纯白婚纱的崇高地位。

（7）结婚典礼时新娘总是站在左边

古时候，盎格鲁－萨克逊的新郎常常必须挺身而出，以保护新娘子不被别人抢走。在结婚典礼上，新郎让新娘子站在自己的左边，一旦情敌出现，就可以立即拔出佩剑，击退敌人。

（8）结婚蛋糕特别定制

自罗马时代开始，蛋糕就是节庆仪式中不可或缺的一部分。在那个时代，婚礼结束时，人们会在新娘头上折断一条面包。制造面包的材料——小麦，象征着生育能力。而面包屑则代表着幸运，宾客无不争着捡拾。依照中古时代的传统习俗，新娘和新郎要隔着蛋糕接吻。后来，想象力丰富的烘焙师傅在蛋糕上饰以糖霜，也就成了今天美丽可口的结婚蛋糕。

（9）蜜月旅行

"蜜月"（Honeymoon）一词的由来起源于古欧洲的习俗。结婚夫妇在婚后的 30 天内，或直到月缺时，每天都要喝由蜂蜜发酵制成的饮料，以增进性生活的和谐。古时候，蜂蜜是生命、健康和生育能力的象征。"蜜月"是新婚夫妇在恢复日常生活前单独相处的甜蜜时光。

（10）舞会

在宴会上，甜点吃完后，舞会便开始。如果舞会是在下午举行的婚礼之后，菜会晚上一会儿，在新婚夫妇入座前且跳舞之后。在自助餐招待会上，新郎和新娘从迎宾队列中退出，休息一会儿就开始跳舞。新娘新郎跳第一支舞时，所有人都观看并鼓掌。

2. 西式婚礼程序

（1）新郎新娘分别前往教堂，会合后开始举行婚礼。

（2）婚礼一般由神职人员主持，亲朋或有心聆听"福音"的人一般都欢迎观礼，大家静候新人到来。

（3）主持者问新郎新娘是否愿意接受对方？

（4）互相说完"我愿意"之后双方交换戒指、接吻，签字后婚礼更具法律效力。

（5）一般情况下，新郎新娘分别有伴郎、伴娘、花童若干，统称 BRIDAIPARIY。

（6）婚礼完成后，新人及 BRIDAIPARIY 一干人等前往外景地，公园、海边等特别景点拍摄自然风格的婚礼图片，除传统惯例要拍的合影镜头外，其余镜头常常是即兴发挥。

（7）晚上，一对新人及 BRIDAIPARIY、双方父母聚于酒店，酒吧或餐厅甚至海边开 PARIY，程序为入场—就坐—伴郎致辞—宴会—切蛋糕—新人跳第一支舞—舞会—自助餐—新娘抛花球（新郎抛袜圈）—吻别。

（8）新郎新娘赴酒店或度假地欢度新婚夜。

（三）现代婚礼流程

1. 中国式现代婚礼流程（依每场婚礼需求不同，婚礼环节可适当更改或删减）

（1）热场。

（2）主持人开场。

（3）新人入场（共同或分开）。

（4）婚礼誓言。

（5）交换信物。

（6）婚礼吻。

（7）主婚人致辞。

（8）证婚人致辞。

（9）新人感恩（改口、敬茶、送礼物、拥抱）。

（10）双方父母代表致辞。

（11）新人致辞。

（12）喝交杯酒。

（13）新娘抛花球。

（14）婚礼道具（香槟、烛台、蛋糕、许愿……）。

（15）退场。

（16）主持人宣布礼成。

2. 分段主持词

（1）庄重大方式开场词

尊敬的各位领导、女士们、先生们，各位来宾，朋友们大家好！欢迎大家莅临××与××的婚礼仪式现场，我是今天婚礼的主持人×××，首先请允许我代表二位新人及他们的家人，向前来见证他们神圣婚礼的各位来宾表示衷心的感谢和热烈的欢迎（鞠躬）！

现场的朋友们，我相信大家都带着一份期待，就是现在用你们的掌声和祝福来开启今天的婚礼仪式，有请新人入场。

（2）热情洋溢式开场词

朋友们有人说爱情是一个叫作幸福的童话，在浪漫的童话故事里相爱的人一起说着白头到老的故事，品着人间沧桑的经历，尝着海枯石烂的味道，尊敬的各位来宾，先生们，女士们，今天是公元××××年的××月××日，我们共同相聚在这里，见证一对新人一生之中最重要的精彩瞬间。我是今天的主持人×××，我想今天最为幸福的无疑是新郎新娘的双方父母，现在我建议所有来宾响起掌声，向新郎新娘的父母表示恭喜和祝福！朋友们，今天美丽的新娘在父亲的陪伴下落落大方地步入婚礼现场，此刻请所有来宾将目光聚焦幸福起点，有请新娘入场。

（3）自然诙谐式开场词

大家好，我是主持人×××，今天我和所有的来宾一样，来的比较早，带着一份期待和祝愿来见证××与××人生当中最重要的仪式，希望现场的每一位来宾能够配合主持人一起去营造一个完美的氛围，所有的朋友们，如果您今天愿意在接下来的三十分钟里，为××、××做上一次爱的见证，如果您相信，在未来的日子里面，他们会去打造一个属于他们的完美家庭，那接下来的时间，就和我一起把发自心底的掌声，洒满这个礼堂……

（4）温情委婉式开场词

现场尊敬的各位来宾，各位朋友，女士们、先生们，大家好：××先生和××小姐的浪漫结婚典礼即将开始。此刻，请您屏住呼吸，仔细聆听，您是否感觉到爱情的种子正在开花结果？是否看到爱情的花朵正在翩翩起舞。

是啊，多么美妙的爱情，多么浪漫的时刻，就在此时，请美丽的天使用象征甜美爱情的玫瑰花，为一对新人铺设这幸福之路吧，因为世界上两个真心相爱的人，将通过这条路，携手走进这个神圣的婚姻殿堂，踏入他们人生新的旅程，去创造属于自己的美好生活。

（5）新人入场主持词

今天是作为一个女孩人生当中最重要的一天，我相信新娘××内心当中一定是无比的激动与幸福。一直以来是她的父亲在陪伴她、呵护她、爱护她，而此时此刻，她的父亲即将要把他的宝贝女儿托付给面前这个年轻人，让他用一生去陪伴、去呵护他的掌上明珠。

美丽的新娘拥抱一下你慈祥的父亲吧，把这份爱牢牢地记在心田。（新娘拥抱父亲）

爱的钟声已经奏响，爱的烛火已经燃起，请新郎新娘步入神圣的婚礼殿堂。

（6）新婚盟誓词

婚姻是爱情和相互信任的升华。它不仅需要双方一生一世的相爱，更需要一生一世的相互信赖。

请新郎新娘相对而立，紧握彼此的双手，深情地望向对方，作为丈夫和妻子向对方郑重地宣告誓言。

尊敬的××先生，今天你以婚姻的形式接受××女士作为您的合法妻子，在以后的人生旅途中，是否愿意爱她、尊敬她、保护她并与她相伴终身，你愿意吗？新郎：我愿意！

尊敬的××小姐，今天你以婚姻的形式接受××先生作为您的合法丈夫，在以后的人生旅途中，是否愿意爱他、尊敬他、呵护他并与他相伴终身，你愿意吗？新娘：我愿意！

（7）交换戒指

爱美之心，人皆有之。我们可以给自己买一对奢华的耳环，也可以给自己买一条尊贵的项链，但是，无名指上的装饰，却留给了最爱的人。

我们都知道，指环相扣心亦扣。有请××先生，将指环放在胸前，许下一个美好的心愿，用自己的一生分分秒秒地守护着面前的这个女人。同时，也请××女士，默许一个心愿，让这个心愿生生世世地跟随面前这个男人。

站在面前的是发誓要和自己共度一生的人，现在，就请为对方郑重地佩戴于左手无名指上。

（8）婚礼吻

①此时，××（新郎）请张开你坚实有力的臂膀去拥抱并亲吻你的新娘吧！

②就是现在，作为主持人，我告诉你：××（新郎）你可以走上前亲吻你的妻子了。

（9）主婚人致辞

每一份爱情都是受到家人和朋友关注的，此时，就有请今天的主婚人莅临典礼台，送上致辞。

（10）证婚人致辞

每一个家庭的成立都需要大家的见证，就是现在，有请今天的证婚人××莅临典礼台送上祝福。

（11）改口敬茶

两位新人，在今天最幸福的最关注你们的就是在主宾席落座的你们的爸爸妈妈，你们慢慢地长大了，他们却慢慢地变老了，是面前的这四位老人将你们从呱呱坠地的孩童培育成事业有成的青年，他们把所有的爱都倾注在你们的身上，不求一丝回报，就是现在，请你们走到父母面前为他们敬上一杯感恩的孝心茶。首先有请新娘××为公公和婆婆敬茶并改口叫爸妈……有请新郎××为岳父岳母敬茶并改口叫爸妈……

（此处应根据现场实际状况灵活掌控）

（12）拥抱父母

在父母心中，真的很渴望也很需要孩子的一个拥抱，这个动作很小，但是意义非常重大，代表着孩子已经长大，也代表着孩子们有一颗感恩的心，此时，有请新郎新娘给自己的父母一个感谢的拥抱。

（13）父母致辞

儿女们今后的幸福生活就是父母一生最大的心愿，在这里有请双方家长代表莅临典礼礼台致辞。

（14）新人致辞

父母的嘱托、来宾的祝福都汇聚在这里，现在有请二位新人送上对大家的答谢致辞。

（15）交杯酒

美好的时刻总是离不开美酒的点缀，现在两位新人要共饮人生当中最重要的一杯香甜美酒，请两位新人右手持杯，望向对方，轻轻地闻一闻杯中的味道，我相信你们能够回忆起当初的那份青涩，也能够感觉到现在的快乐，此时，请臂弯交错，一起面向美好的未来干杯！

（16）手捧花

此时，我们看到，就在新娘××的手中有一束预示着快乐、好运与幸福的手捧花，××（新娘）说在今天要把这份好运与幸福传递下去，要将手中这捧鲜花抛给在场的朋友们，请大家踊跃地走到舞台前来分享和延续他们这份幸福。

（17）香槟塔

香槟塔起源于西方，她象征着甜蜜爱情的坚实巩固，更象征着美满姻缘的永恒纪念。

这迷人的香槟像绚丽的爱情之花，更像潺潺的溪水，涓涓的河流；只要你们用真诚浇灌，用爱情去播种，一定能够开出美丽的鲜花，结出甜蜜的果实；我代表亲朋好友向你们祝福：祝福你们永浴爱河、真爱一生！

请工作人员和现场的每一位挚友亲朋共同留下这温馨浪漫的一刻，留下这诗一般的美丽画卷！

朋友们，我们共同祝福他们，可以走过纸婚、走过木婚、银婚、金婚、钻石婚的爱情永远属于他们。

（18）烛台

有请两位新人一起点燃爱情圣火。烛光慢慢燃起，这浪漫的烛光，是最美丽的爱情花朵，从此刻点燃，永远绽放；这温暖的烛光，蕴含着一对新人对美好人生的憧憬和向往；这希望的烛光，将会永远点亮在你们的心中，伴随你们走过幸福、美满的一生。面对温馨的烛光，新郎新娘请伸出双手握在一起，闭上眼睛许下最美好的心愿。将对方的名字深深地刻在心里最温柔的地方，记得这里只有彼此。愿你们在今后的日子里，无论是大大的梦想，还是小小的心愿，都能够牵起手，一起去完成。

（19）礼成退场

现场的各位朋友，今天的婚礼仪式到这里已经接近尾声，真心感谢每一位朋友的莅临与支持，再一次用掌声和欢呼声送给两位新人最真诚的祝福，记住今天，公元××××年××月××日，××先生与××女士神圣婚典完美礼成！有请两位新人牵起手走向属于自己的美好生活！出发吧！

第三章　礼仪主持人语言表达

表达：有目的、有逻辑、有情感、有修饰的叙述话语叫作表达，表达与生活中的说有所不同，"说"的随意性很强、也不严谨，而表达则需要经过思考和整理。

（一）婚礼主持人的开场

一般情况主持人的开场方式主要有以下几种："开门见山式""散文式""叙述式""排比式""访谈式""名人名句式"举例：

1. 开门见山式："尊敬的各位领导、各位来宾、女士们、先生们，大家好，首先欢迎您来参加二位新人神圣浪漫的婚礼。我是主持人××，首先请允许我代表二位新人和他们的家人对今天到来的每一位贵宾表示衷心的感谢！"

2. 散文式："回眸红尘路漫漫，淡淡的阳光拂去那喧嚣的纷乱，徐风吹过，追忆起那似水流年，我依旧在倔强而静默地守候着，茫茫人海中，我呼唤着你的名字，等你带着今生的约定与我共享这繁华尘世。朋友们，我相信今天将会成为您生命中一个非常特殊的日子，一个值得期待、值得回味、值得用一生去铭记的日子，因为就在今天，我们身边最亲密的朋友、最挚爱的家人，要携手踏上这婚礼的殿堂。当岁月的华章翻开公元某年某月某日那一天，我相信在那一页白纸上，一定会书写着满满的祝福。这一刻我也相信再动人的旋律又或者煽情的语言都比不上您能够将最真诚的掌声……

3. 叙述式：今天的爱情故事开始于××××年××月××日，故事中的男孩和女孩，是在一次朋友的聚会上相识的，当时两个人很陌生，只是简单地寒暄了几句，互留了联系方式，仅此而已。随着时间的流逝，他们的沟通越来越多，感情也越来越好，一年后的一次聚会旅行中，男孩对女孩非常的照顾，为她提行李、嘘寒问暖等等，终于在回程的那一天男孩对女孩说："让我照顾你今后的日子可以吗？"女孩并没有说话，只是红着脸轻轻地点了点头，于是男孩兴奋地牵起了女孩的手，那天是××××年××月××日，他们确定了恋爱的关系，经过两年的相知相守，在今天终于步入了神圣的婚礼殿堂。

4. 排比式：人生如果是十分，何尝不能这样度过，三分是那遥不可及的理想，三分是别人口不争的现实，三分是自己无所畏惧的追求，剩下一分，留给偶尔的志忑不安或是怠慢逃避。如果爱情是十分，何尝不渴望三分是望穿秋水的等待，三分是刻骨铭心的陪伴，三分是心心相印的珍惜，剩下的一分留给偶尔的小小惊喜和些许浪漫。那么我想家庭也一定可以也是十分，让我们去珍惜，三分是父母的健康，三分是另一半的依恋，三分是孩子的热闹，剩下的一分是内心秘而不宣的甜蜜。

如果这就是幸福，我想离我们一定不会太遥远。如果没有放弃过追求幸福的念头；如果依然坚信彼此就是今生所要的幸福；如果你们做好了迎接未来的准备，那么现在，婚礼开始……

5. 访谈式：现场的各位来宾，之前的婚礼仪式都是由主持人一个人完成开场部分，而今天，新郎××要与主持人共同来拉开本场婚礼仪式的序幕，首先，在这里我要采访一下站在我身旁的新郎，问题一：心情如何？问题二：什么时间认识的？问题三：通过什么确认的关系？问题四：说说新娘在你心目中是怎样的一个人？问题五：你们是如何筹备婚礼的？

6. 名人名句式：

（1）佛说：前世的五百次回眸才能换来今生的一次擦肩而过，那么如此真挚的爱情又需要几世的相守和凝望呢？

（2）"爱是恒久忍耐，又有恩慈；爱是不嫉妒；爱是不自夸，不张狂，不做害羞的事，凡事包容，凡事相信，凡事盼望，凡事忍耐，爱是永不止息"。今天我们就一同来见证这份永恒的爱情……

无论哪一种开场方式，都有其特定的风格定位，运用环境的语言，在婚礼开始前，借助时间、地点、人物、心情等因素进行细微的描述，激发观众的热情，引起大家的注意，为新人的入场和接下来的婚礼环节做好铺垫和准备。

（二）婚礼仪式中的主持

在婚礼仪式的主持过程中，主持人要掌握七种舞台语言："寒暄语""叙述语""口令语""连接语""描述语""渲染语""结束语"。

1．**寒暄语**：利用时间、天气、环境、时事、节气、民俗等将语言有逻辑性地组织起来成为整场主持的开场语对现场的来宾进行寒暄问候。

例如：在这春意盎然、万物复苏的季节里，昨天一场微微的细雨滋润着整个城市，也为今天的婚礼现场带来了些许的清新……

2．**叙述语**：将新人的个人经历、爱情故事以时间、地点为主线层次分明地以讲述的口吻或语气表达出来，可以加些许的演绎。

例如：××与××的爱情开始于5年前的夏天，当时故事中的男孩去女孩所在的公司面试，女孩作为工作人员为男孩指点如何填表，彼此之间并没有更多的关注，只是认为这是个同事而已，工作了一年后，由于接触越来越多，在感情上发生了微妙的变化……

3．**口令语**：为新人和现场来宾所下达的带有提示性质的语言。

例如：有请所有来宾把目光聚焦到舞台的左侧方向，欢迎新郎××登场……

4．**连接语**：是整场主持的润滑剂，起到承上启下的作用，其中"承上"是指对上面一个环节的总结，而"启下"是引导出下面的环节。连接语的内容可以丰富一些，并不是所谓的"然后""下面""接下来"。

例如：刚才我们都听见了两位新人只说出了短短的三个字"我愿意"，虽然说字数很少，但是背负的责任却非常重大，在如此重要的时刻，我们知道是应该由一对信物去为他们见证……（引出交换信物这一环节）

5．**描述语**：当进入特殊环节时，出现忘词或词穷的现象。利用自己的眼睛和感觉把现场所发生的、看到的、听到的和想到的一切用自己的语言表达出来，这就是描述语，也叫现象现说，是一种很简单的直观语言表达方式，也能够引起观众的共鸣。这种语言要求主持人心理素质要过硬，现场组织语言形象生动，发挥创造性、自觉性、探索性、灵活性；千万不要跑题或偏离主题。如果描述语运用得当，将会让现场有互动感。

例如：此时所有人都看到了新娘××有泪水划过脸庞，我相信这一幅画面一定也感染了现场的每一位朋友，如果此情此景能够让您铭记，这一次的祝福送给新娘。

6．**渲染语**：当主持进入仪式环节的时候，需要主持人的语言和表现形式融入更多的情感来调节现场的气氛，通过调整语言的重音、停连、语气，运用主持人的手势、动作、眼神等情感辅助手段来表现特定的语言情感。或催人泪下，或引人入胜，或幽默滑稽，或激情洋溢。渲染语其实就是营造气氛的语言，并不一定要有实际意义。

例如：金色的爱情缓缓到来，它将用生命去承载，付出的是你的真情，保存的是她的真爱，无论过去、现在、将来，心心相印，永不分开。一对钻戒，既象征着爱情，也象征着火热的心，它们是一生的责任，也是永恒的承诺。

7. 结束语：用精炼的话语，将时间、地点、人物、事件再次点明，并送出真诚的祝福或美好的祝愿。婚礼的结尾应当是婚礼的一个亮点，要给嘉宾一个想象和期待的空间，是一段新生活的开始。新人的感情故事还在继续升华。婚礼主持人的结尾不但要引发观众的思索，还要让新人领悟婚姻的真谛。通常情况下会采用以下几种方式：

（1）哲理结尾，引出思考。

（2）祝福结尾，美好祝愿。

（3）话题转移，引人思考。

（4）幻想展望，放飞梦想。

（5）互动游戏，独特表现。

例如：现场的各位朋友，今天的婚礼仪式到这里已经接近尾声，真心感谢每一位朋友的莅临与支持，再一次用掌声和欢呼声送给两位新人最真诚的祝福，记住今天，公元××××年××月××日，××先生与××女士神圣婚典完美礼成！有请两位新人牵起手走向属于自己的美好生活！出发吧！真心地祝愿二位新人携手一生、真爱永恒！

（三）主持人如何运用体态语

体态语言指的是用表情、动作和姿势来进行思想交流、表情达意、传递信息的非语言符号。主持人的体态语言正是通过他们的一颦一笑、一蹙一展、一举手、一投足表露出来的。

美国哥伦比亚广播公司《现在请看》节目著名主持人默罗在 1948 年共和党、民主党代表大会的报道中充分显示了自己的风格和个性，一举成名。后来的七年中，在《现在请看》中用他那为人们所熟悉的深沉和而又富有说明力的声音，严肃的表情和庄重的举止，为其树立了正直而又富有公信力的形象，开创了"默罗时代"。中央电视台《非常 6＋1》及《幸运 52》的节目主持人李咏以他标志性的手势和动作、出位的发型和着装使亿万观众为之倾倒，有的观众将李咏体态语言中的一部分归纳为"搓手式"和"搬砖式"，可见体态语言在主持人整个传播过程中给观众留下了多么深刻的印象。凤凰卫视当家花旦陈鲁豫被誉为"天生一个访谈家"，她在节目中所表现出来的温和聆听的姿态，举手投足间真挚情感的流露，她的微笑，她的泪水，她双手合十抵在下巴睁大眼睛发出"天哪""真好"这些感叹时的真挚表情，她给落泪的嘉宾递纸巾这样的小动作，都会清晰地印在你的脑海里，让我们记住了一个不卑不亢、亲和而不谄媚，富有责任感和同情心的有血有肉的主持人。

如何用好体态语言，让它成为主持人展现魅力的法宝，对于每一位主持人来说都是一门必修课。我认为有几点应格外关注。

1. "三要"

（1）要有良好的个人修养

随着受众文化层次和欣赏水平的不断提高，主持人的个人素质受到空前的关注。在一些地方的婚礼中，有些主持人在说到与观众互动的话题时会伸出手指对观众指指点点；当嘉宾回答问题出现磕磕绊绊时，主持人脸上会露出不耐烦和不屑的神情；与对方交谈时跷着二郎腿，等等。这些体态语言直接暴露出了主持人缺乏修养。一个人再刻意掩饰，都会在其举止神态上表现出他的修养。

（2）要有得体的行为动作

在主持的过程当中，主持人的举手投足都备受来宾关注，体态语往往是配合主持人的语言，内由心生的，应做到得体、美观、大方，每一次体态语的展现应有一定的尺度范围，分寸拿捏，不夸张、不多余、不做作，使观看者赏心悦目。

（3）要对婚礼风格定位心中有数

你所主持的婚礼类型决定了在主持中你该使用什么样的体态语言。别人洒脱的举止未必适合你的个性、你主持的婚礼，自己的某些漂亮举止也未必在每一个场合都适合。像庄重大方的婚礼主持人的体态语言一般以沉稳、严谨、简洁为主，热情洋溢的主持人以热情、活跃、较大幅度的体态语言为多，温情委婉的主持人亲切、轻松、和善的音容笑貌、举手投足给人留下深刻印象。

2. "三忌"

(1) 忌"程序化"

有些主持人在主持中无论说什么，都会隔一会儿抬一下手，隔一会儿又点一下头，并如此反复。这样已成定式的体态语言会让整个婚礼死气沉沉，让主持人看起来呆若木鸡，让观众产生"审美疲劳"。有些主持人在主持仪式环节时，两手总是抱在胸前，这种定格式的动作不但使他看起来呆滞，也给人一种拒人于千里之外、自我防卫的错觉。

(2) 忌"妄动"

主持人的体态语言该不该用、该怎么用、什么时候用才会让人看起来比较舒服自然，这是要经过思考的，切不可不假思索地随性乱动。许多初上手的婚礼主持人在使用体态语言时没有仔细斟酌，或眉毛乱挑，给人轻佻的感觉；或双手下垂晃来晃去，让人觉得很不自在；更有甚者频频地变换手的位置，给人紧张而不安定的感觉。主持人在使用体态语言的时候，切不可毫无目的地随意乱用、频繁使用，这影响有声语言的传播效果，更有损于主持人的自身形象。

(3) 忌"小动作"

主持人的体态语言不同于一般人，在方寸之间的空间里任何一个细小的动作都会被无限地放大。所以动作必须是准确到位、落落大方、正气端庄的。比如有的主持人在主持时会下意识地把玩话筒；有的处在思考状态时会不停地用手抓脑袋；有的在主持间隙不时地打着节拍；还有的出现失误时会吐舌头，这些小动作都是在现场不该出现的不和谐音符。应该承认，作为一个自然人，多多少少会有一些习惯性的小动作，但作为主持人，只要你出现在观众面前就必须以极大的克制力去掉这些小动作，展现给大家最美好的一面。

主持人的体态语言从生理上讲，个体各部位的动作存在一个"姿态族"，从整体看全身的动作是协调的、相互照应的、自然的，才能具有美感。从心理上讲，神形兼备、有超强感染力的体态语言来自主持人的内心修养、对人对事的真诚以及责任感。内外兼修的体态语言才是最完美的无声语言。

3. 主持人在舞台上的体态语言大概分为以下几类：表情、执麦、鞠躬、站位、走动、眼神、手势。

（1）表情：在主持过程中，主持人并不是严肃到底，是可以有表情的，具体表现有：可以笑，但不可大笑、嘲笑、坏笑；可以流泪，但不可以泣不成声；任何表情都不宜过分夸张。

（2）执麦：主持人执麦应手握话筒下三分之一的位置，说话的时候应以30°的角度将话筒的网头放在距离下唇一指到两指的位置，不要让话筒挡住主持人的嘴，这样做既是对观众的尊重也不会产生气息喷麦的现象。不要手拿话筒上端，立起话筒，使话筒网头直对口腔，这样很难看且气息全部进入网头会导致吐字不清——这种姿势也被称为KTV拿法。当主持人长时间不需要说话的时候话筒应放在小腹前，话筒网头由另一只手托住。

（3）鞠躬：在舞台礼仪当中，男女鞠躬度数有别，男主持人鞠躬应为45°左右，女主持人鞠躬应为30°左右；男主持人鞠躬双手执麦，放于小腹前，女主持人鞠躬单手执麦放于小腹前，另一只手挡在胸口处；鞠躬的基本动作规范如下：

①弯腰速度适中，停留两秒钟左右，之后慢慢抬头直腰。

②行礼时要注目，不可斜视，礼毕抬起身时，双目有礼貌地注视前方。

③鞠躬时切记话筒不要放在嘴边。

④鞠躬时头与身体呈直线，目光与眉心呈同一角度，不要翻白眼。

（4）站位：舞台上只有主持人一个人的时候，主持人应站在舞台中且前后纵深之前三分之一处，当新郎新娘或嘉宾走上舞台时，应把中间位置留给他们，男主持人应站在新郎一侧，女主持人站在新娘一方，注意离新人越远越好。主持人站在舞台一侧时，应45°面向观众席，以防止说话时身体左右摇摆不定。

（5）走动：主持人在主持过程当中不宜随意走动、溜达，给人以台风不稳的印象。在某一处站定说话就好，如果需要走动，一定要有目的性，且注意走路速度应相对缓慢，任何时候不能背对观众或舞台上的嘉宾。

（6）眼神：主持人与演员不同在主持过程当中，应该保持与新人、嘉宾、来宾、镜头适当地沟通，应该具有对象感。新手主持人应特别注意想主持词的时候不要眼神发直甚至翻白眼现象。

（7）手势作为舞台语言中最重要的部分，我们将在以下章节做出详细的介绍。

（四）如何运用手势增添气势

在讲话中，特别是主持的时候，手放置在哪里往往很让我们头疼。如果你在讲台后面，你可以将双手自然地放在讲台两侧。如果没有讲台的话，可将双手自然垂在身体两侧，或者让双手握在胸前，也可以用手来操作话筒，握住提示卡或是做手势等。无论在什么情况下，都不该把双手置于裤子口袋内，或者把手背在身后。

手是人体的表情器官之一。手势是使用频率最高的体态语言形式。由于双手活动幅度较大，活动最方便、最灵巧，形态变化也最多，因而手势的表现力、吸引力和感染力也最强，最能表达出丰富多彩的思想情感。寓意深刻、优美得体的手势，能产生极大的魅力，激发听众的热情，加深听众对演讲内容的理解，使演讲获得成功。

运用手势要注意以下六个原则：

第一，上中下三区的运用。上区，就是手势在肩以上，表示积极向上，一般用在号召鼓动、赞成、表扬的时候。下区，就是手势在腰以下，表示消极的、不好的，一般用在批评指责的时候。中区，就是手势在肩与腰之间，表示一般的描述表述。一般主持或演讲过程中，大部分手势都在中区。

第二，场面大，手势大；场面小，手势小。当会场大、人数多的时候，我们的手势做得要大气，要做出来让观众都能看见。当会场小、人数少的时候，我们的手势做得要小一些，做太大了，反而会让观众感觉有点张牙舞爪，和现场不协调。在这里还要分年龄，在对年龄大的人演讲时，手势要尽量小一些；相反，在对年龄小的人演讲，手势要尽量大一些。另外还有男女之分，对于男士，做手势可以大气一些，对于女士，做手势可以小一些。

第三，肩发力，表示力量；肘发力，表示亲切。

第四，手势应该停留足够长的时间。手势一做出去，马上就收回来，则会使观众对你立刻失去信赖感。如歌星在现场歌唱时，他的手势会指着一群人好长时间才放下来，然后再去调动另外一群人的情绪。

第五，自己的思维"仓库"里要存储 3 到 5 个手势。在运用手势的过程中，切忌一成不变就做一种手势，这样显得太单调、太呆板。例如：有些刚入门的主持人或者不经常上台讲话的人在主持和演讲过程中经常会出现一只手不停地抖动及画圈以至于形成俗称的"切菜手"。

第六，在运用手势过程中一定要自然、协调。做手势就像猫抓老鼠一样自然，猫看到老鼠时，不会想姿势应该怎么摆，而是一下就扑下去，这就是最好的动作。有些刚步入行业的婚礼主持人，在说完一段话后，忽然想起最后加上一个动作效果会更好，马上刻意地补上一个手势，结果就显得有点做作，所以不要为做手势而做手势。初学者刚开始可以多学学别人比较优美潇洒的手势，模仿是最快的学习，慢慢地形成自己的风格。当然，刚开始做手势时，会显得不协调甚至有点别扭，这没关系，习惯了就好了，所有的习惯都是从不习惯开始的。

手势动作只有在与口语表达密切配合时，才最生动具体。主持人的手势必须随主持的内容、自己的情感和现场气氛自然的流露出来。手势的部位、幅度、方向、力度都应与演讲的有声语言、面部表情、身体姿态密切配合，协调一致，切不可生搬硬套，勉强去凑手势。如果手势泛滥，刻意表演，会使人感到眼花缭乱，显得轻佻作态，哗众取宠。当然，也不可完全不用手势，那样会显得局促不安，失去活力……

（五）现场应变

现场应变属于舞台语言当中的描述语，也就是现象现说或现想现说，以即兴口语为主，应变能力强则现场的精彩程度高，应变能力弱则现场的瑕疵多。

1. 产生原因：

（1）突发的、不可预知的事情。

（2）仪式前准备不充分造成的。

（3）人为的、故意的。

（4）新人或嘉宾登台经验不足造成的。

（5）天灾或不可抗拒因素。

2. 主持人必备的内在专业素养

（1）需要瞬间进行判断、分析、决策。

（2）语言表达清晰、准确、具有逻辑性或产生共鸣。

（3）洞察秋毫及提前预判。

3. 现场应变八大原则——多利用互动的方式解决

（1）沉着冷静：在主持过程中，凡是遇到任何突发情况，都要尽量做到面不改色心不跳，保持主持人应有的良好状态。因为现场一旦出现情况，所有人都会第一时间关注主持人，一旦惊慌失措，就会出现头脑空白、措辞混乱、判断不准确等，导致现场无法第一时间顺畅进行。

（2）拖延时间：当现场出现特殊情况时，一定要尽量将时间人为地延长，给自己及工作人员一个考虑并执行的时间，直到事情顺利解决（可能是另一个结果）。

（3）巧解字义：当现场出现特殊情况时，将话语或词句拆开来解释并赋予新的意义，使之达到新的高度，产生共鸣。

（4）巧妙替代：当现场出现特殊情况时，可以利用专业知识及现场道具或其他环节将其取而代之，以达到亡羊补牢的效果。

（5）故意为之：在现场出现特殊情况时，无论是主持人的言语失误还是现场发生的突发情况，主持人都可以说成是"故意的"以达到避免尴尬。

（6）借题发挥：当现场出现特殊情况时，借助已发生的状况，将其细说，以达到升华和共鸣，可以利用现场举例、现场互动等方法。

（7）视而不见：当现场出现特殊情况，此情况不是现在进行时、非现场关注重点或只有少数人知道（看到），在不影响流程正常进行的情况下可以视而不见。

（8）关注转移：当现场出现特殊情况时，主持人尽量将观众关注的焦点转移到意外事件之外，必要时可以适当调整或增减流程顺序，以便问题得以顺利解决。

4. 现场应变的分类

可规避的风险——回天有术

不可预知风险——回天无术

（1）回天有术

方法：借题发挥、视而不见、巧解字义。

按预定时间你没到酒店，客户急了，你应该如何解决？

仪式前或仪式中电脑突然不能正常工作你应该如何处理？

新人很紧张，在还没到上场环节的时候，他们就走上了舞台，你应该如何解决？

主持人或嘉宾、新娘上台时摔跤，你应该如何解决？

新人在互换信物时，新郎把戒指掉在了地上，你应该如何解决？

新郎刚捡起来戒指，一不小心戒指又掉在了地上，你应该如何解决？

新人在互换信物时，主持人已经提及信物环节，而新人没带，你应该如何解决？

主持过程当中你突然忘词了，大脑一片空白，你应该如何解决？

工作人员忘记准备婚礼道具了，你应该如何解决？

婚礼主持过程中忘记环节了，你应该如何解决？

当工作人员端送交杯酒的时候摔倒在台上，你应该如何解决？

当新娘抛手捧花时，将手捧花抛上水晶灯池，人为无法拿到时，你应该如何解决？

当主持人不小心将新人名字念错时，你应该如何解决？

当新人或嘉宾讲话时泣不成声，你应该如何解决？

新人入场或上台时忘带手捧花了，你应该如何解决？

主持过程中新娘婚纱崩裂或衣冠不整，你应该如何解决？

现场多位父母同时到场，你应该如何介绍？

现场观众注意力不集中、没有氛围，你应该如何解决？

敬改口茶时，茶杯倒了，你应该如何解决？

新娘抛手捧花时冷场，你应该如何解决？

话筒没声，你应该如何解决？

现场停电，你应该如何解决？

小天使送戒指的时候，孩子不上场，你应该如何解决？

（2）回天无术

户外婚礼遇到天气情况，如：大雨或暴风。

婚礼上由于其自身原因，新郎新娘没有到场。

地震或火灾等不可抗力因素。

现场有来宾意外伤亡。

婚礼现场抢婚导致婚礼无法正常进行。

5. 万能救场词举例

在人生的道路上，不会是一帆风顺的，总会有困苦和坎坷，从今天开始，两位新人要牵起手一起去面对，共同度过每一场风雨，爱情不都是甜蜜的，更多的是要有责任、负重甚至牺牲，才会将爱情和婚姻进行到永远。

第四章　婚礼主持人的其他工作

（一）背景音乐

定义：所谓背景音乐（Back Ground Music）是一个组合词组，实际上就是用"音乐"这个载体把环境、人物、事件的主题通过音乐这个背景因素有机地结合起来的一个特定产物，如在酒店、商场、健身房等都有应用背景音乐的现象、在影视作品、诗朗诵、画展、艺术展览中背景音乐的使用也很频繁，各种活动的现场也大量使用背景音乐以起到引导情绪、点燃激情、烘托效果的作用。

婚礼中的音乐，欢乐、优美、宁静、抒情，给人以浪漫的遐想，净化的灵魂。当一对新人迈着庄严的步子，带着神圣的情感走进结婚礼堂的时候，当婚礼进行曲响起的时候，没有人不会为一对相爱的男女而感动，每一位来宾，甚至整个大厅都洋溢在幸福中，不少人曾在这一刻，在这音乐声中热泪盈眶。人们从心底赞美人间至高无上的爱情，人的灵魂在霎那间变得纯净、高贵。

优美的婚礼音乐也可以为你的婚礼营造出不同凡响的效果，运用好音乐，可以使婚礼更加个性化，良好的音乐效果和漂亮的视觉效果加在一起，将感染所有的来宾，给他们留下深刻难忘的幸福印象，试想一下，作为新人的你们慢慢步入宴会厅，所有的人用赞美的目光注视着你们，因为这是属于你俩的时刻，背景音乐《新娘来了》或是甲克虫的《在我生命中》慢慢响起，此时此刻，会有多少人眼中投射出祝福的眼光呢？

你所选择的音乐应该接近婚礼风格，假如你的婚礼是纯西式的，那么就不妨准备一些古典的音乐，当然不可缺少的是瓦格纳的《婚礼进行曲》（注：另一版门德尔松的《婚礼进行曲》在西方的婚礼中是用于新人退场，千万不能混淆），如果想另类一点，也可以用摇滚乐，如果是中式的，那么充满民族风格的音乐就是首选了，像广东音乐《喜洋洋》。

一般一个婚礼在三个地方需要放音乐，婚礼前、婚礼中和婚宴时，也要考虑婚礼超时放的音乐和备用音乐。

仪式前的音乐：这是在宾客们入场，就座和等候时放的音乐，至少应该准备45分钟，音乐要考虑交通堵塞的因素，迟到的宾客和其他一些意想不到的原因的干扰，仪式前的音乐是烘托气氛的，小提琴、钢琴或四重奏，浪漫的音乐是好的选择。

仪式中的音乐：当婚礼队伍入场时，应该响起音乐，这时的音乐，只要是能够和婚礼的气氛和风格相融合就可以。在仪式中，许多人都喜欢用婚礼仪式当中的音乐来表现自己个性，所以任何与环节相配的音乐都可以用。

退场时的音乐：尽管婚礼已经结束了，可是音乐却不能就此停止，你可以精心设计退场时的音乐，甚至可以很戏剧化，但请记住这种时刻是高兴的、喜悦的，选一些欢快的或大气磅礴的退场音乐，新人退场也是整场婚礼的亮点。

背景音乐在使用的时候需要注意以下问题：

1. 婚礼音乐与环节的配合

（1）音乐要与仪式的节奏相配

在婚礼仪式过程中，所选背景音乐的快与慢要和主持人的风格、语速以及所设定的环节节奏相吻合，否则会出现格格不入的感觉。

例如：婚礼誓言这一环节久不宜用欢快或磅礴的音乐。

（2）音乐和歌曲的不同使用

在婚礼主持过程中，尽量使用纯音乐而不使用歌曲，因为歌曲中会有歌词，容易使来宾分神，如果选用歌曲，也建议选择外文歌曲。

例如：在某些以说话为主的环节中选择轻缓的钢琴曲更能突出说话者的声音和内容。

（3）要注意音乐和歌曲的含义及来源出处

要用任何一首音乐或歌曲的时候一定要事先查明所用曲目的含义及出处，如果是外文歌曲要查明歌词大意，避免不适合的尴尬场面。

例如：泰坦尼克号的主题曲唯美浪漫，却不能用在婚礼上，因为此电影是悲剧。

2. 背景音乐的表现手法

（1）具有主题代表性的音乐

在某一环节中，我们要运用某首歌曲的其中一段旋律和歌词来映衬所要表达的氛围和主题，达到完美合一的效果。

例如：当新娘回答出"我愿意"的时候，背景音乐可以选择王菲所演唱的《我愿意》这首歌的副歌部分，即"我愿意为你，我愿意为你……"

（2）具有主题性的音乐

具有主题性的音乐是指为某一主题及某一环节特别定制或有当事人参与其中所制作出来的背景音乐。

例如：在婚礼现场由新人自己演唱的、为某一环节特意进棚录制的或在特定环境下乐队进行现场演奏的。

3. 后期的剪辑及编排

有的时候我们所需的背景音乐可能只是一首歌曲的一部分，所以要求在准备过程中对音乐进行简单的编辑或剪接，以达到最佳效果。

例如：有些旋律时间不够，我们要进行有效的延长剪接。

一场成功的婚礼少不了动人心弦的婚礼音乐做烘托。当新人恋爱时，往往会有一支特殊的，记录你们在某一时刻幸福和甜蜜的旋律。

传统的婚礼是洋溢着喜庆、美好与吉祥的重要场合。因此，在选择音乐和歌曲时需要特别注意意境的吻合。有些音乐虽经典但意境不符，很可能让婚礼大打折扣……挑选时，一定要注意对音乐的理解，如果不能准确判断音乐意境还是选择那些容易被人接受的、喜庆祥和欢快的旋律为佳。

婚礼开场前，嘉宾入场等候仪式开始。这时适合播放一些古典音乐，为婚礼营造一个高雅圣洁的气氛做铺垫。以下音乐曲目都是被新人们常选的：《爱之喜》《薇丽亚之歌》《第八号小提琴协奏曲》《回旋曲》《四季》。如果你选择的是中国传统婚礼仪式，那么使用《喜乐年华》《喜洋洋》《步步高》《金蛇狂舞》《百鸟朝凤》《好日子》作为大气的中式婚礼开场，喜庆中透着热烈，欢腾中彰显祥和，很符合中国民俗婚礼的要求。

婚礼仪式开始，新人进场，此时的传统音乐曲目自然是《婚礼进行曲》。而《婚礼进行曲》有两种，一般西式教堂婚礼选用的是"瓦格纳的《婚礼进行曲》"，本曲曲调优美，速度徐缓，庄重不失舒缓。而门德尔松的《婚礼进行曲》曲调庄严雄伟，气势昂扬；突出了教堂的神圣，是做退场时使用。新人入场时也可以选择有唱诗班感觉的音乐作为背景音乐。

仪式过程中的嘉宾讲话（证婚人、主婚人、父母、领导）也是极其郑重的环节。这一过程中由于以说话内容为主，建议使用柔和的旋律如：钢琴曲、小提琴曲。

婚礼上新人的爱情宣言部分凝集着新人对爱情的无限信任与对婚姻生活的无限信心。因此，选择一些爱情誓言类的音乐歌曲就很符合这一过程的情景。例如：爱情宣言、Idocherishyou、就是爱你、ISwear、我愿意、Ibelieve、唯一、perfectmoment、甜蜜约定、Sayyes 都很适合在这一时段使用。

在爱情宣言后，交换信物是每个婚礼都少不了的环节。每对新人都准备了对自己非常有意义的礼物。送给他（她）的信物一定是新人共同珍爱的能够让新人值得回忆的物品。因此，选择背景音乐时需要特别突出"珍爱"的味道。《水晶》《爱你等于爱自己》《恒星》《选择》《甜蜜蜜》《EverythingIdo》《戴上我的爱》《SweetDream》《幸福谣》《Beautyandthebeast》都很合时宜。

婚礼中新人的相互亲吻，既代表了对对方的恋爱，又承载了对对方身份的确认。一吻之后，两人将在幸福与甜蜜中共渡今生。因此，这里的音乐需要选择给人刻骨铭心感觉的歌曲或乐曲。《最浪漫的事》《你最珍贵》《你是我老婆》《幸福的瞬间》《爱的就是你》《WaitingForyou》《等你爱我》《Iwillalwaysloveyou》《beacuseyoulovedme》《Toloveyoumore》《whenyoubelieve》《IKnewILovedYou》《Hero》都是常用的歌曲。

新人的婚礼，对于双方父母都是一件兴奋的事情，改口敬茶是中国传统习俗。这一过程不仅是对双方长辈的感谢，更重要的是寓意着新人们从今以后要孝敬双方父母，融入对方家庭。这里，选些温情的歌曲是很讨喜的。《相亲相爱一家人》《听妈妈的话》《知足》《母亲》《懂你》都会让父母满心欢喜。如果新人在这个环节中愿意为父母唱首感恩的歌，用最深情的歌声感谢他们的养育之恩。那么不妨用下面的歌曲吧：《爸妈谢谢你》《真的爱你》《念亲恩》《妈妈的吻》《我的未来你放心了吗》《天下父母心》。

在个性婚礼盛行的今天，越来越多的新人更愿意在婚礼中唱出自己对爱情的寄语和对生活的期待心情。下面的音乐就非常适合在新郎新娘进行对唱时选用：《每天爱你多一些》《求婚》《最浪漫的事》《约定》《至少还有你》《明天我要嫁给你啦》《只有为你》《爱情宣言》《Love》《很爱很爱你》《爱你等于爱自己》《出嫁》《最爱是你》《最美》《相思风雨中》《你最珍贵》《一次就好》。

仪式结束新人退场时需要选择简单明快或大气磅礴的歌曲和音乐来引导婚宴的开始。下面的歌曲和乐曲都是很好的选择：《欢乐颂》《简单爱》《跟着我一辈子》《不得不爱》《爱你永恒》《梦中的婚礼》《She》《IBelieve》《InYou》《爱你不是两三天》。

注：在主持婚礼时，主持人需要准备一台属于自己的工作电脑，只用于辅助自己的主持工作。

（二）面　　谈

作为一名婚礼主持人必然要有同新人沟通服务及环节，如何在与新人的沟通中充分地掌握资料，设计典礼台词及音乐，把握现场应有的基调，并排除新人的困惑和顾虑？优秀的婚礼主持人往往在与新人沟通时就取得了充分的信赖，因为他们合理地运用了沟通四解法则。

1. 了解

谨记，一切行为的最终目的是为了满足新人的需求，如果你一开始就滔滔不绝地讲述典礼程序，很有可能忽略了新人真正的需要！而且很难取得新人的信赖！所以，在绝对充分了解新人之前，请闭嘴！少说多听问对问题，是第一步骤的关键，做一个倾听者，一个引导者，一个记录者，一个讲述者，一个建议者。

你需要了解的内容有：

人员情况：观礼人数、年龄划分、社会成分、工作性质、性格特点、主要人员情况等，主要人员包括双方父母、证婚人、主婚人、傧相团、特殊嘉宾。

场地情况：布置风格、主题颜色、灯光道具、场地大小、音响设备等。

恋爱情况：恋爱经历、纪念日期、难忘回忆、爱情感悟等。

特殊情况：特别的人、特别的事、特别的话、特别的歌、特别的礼物等。

需注意的几点：

不可涉及新人伤感、尴尬、避讳的话题。

对新人讲述的内容做及时的反应和记录，让新人看到你的认真态度。

适时提出引导性问题，帮助新人找到真正的需求。

了解来自于沟通，做一个优秀的婚礼主持人，要更多地学习提问的技巧。

2．理解：

充分了解的同时，主持人要及时对已掌握的资料进行分析，并把你理解的内容加以升华，适当地讲出来，注意以下几点：

真诚地赞成和认同新人的观点。

在他（她）的面前夸奖他（她）的爱人。

针对新人的困惑举例说明：我曾经碰到过类似的问题，出现怎样的结果。

对很难解决的问题，要表示愿意和新人一起努力！

这样新人会充分信赖主持人，愿意更多地和主持人分享自己的经历或内心，更有助于主持人以后的工作。

3．讲解：

取得信赖之后，你所说的话很容易被新人接受。此时，你可以针对新人的需要开始讲解典礼程序了。注意以下几点：

（1）提醒新人记录需要准备的发言稿，典礼用具，容易出错的地方。

（2）对新人很重视的环节，一定要表示：这是我为你特别设计的！

（3）一定要说明：婚礼现场是灵活的，我有可能随时调整程序。

（4）随时记录下与新人的特殊约定，避免现场遗忘。

4．化解：

讲解的同时，一定要巧妙地化解可能会对典礼工作产生负面影响的问题，可能出现的负面问题包括：

典礼时间的冲突

一新人的不合理要求、无法把握的现场可能、婚礼公司的不合理要求二随时记住减少婚礼的危险性。

（三）婚礼彩排

1．彩排前的准备工作

在彩排前应确认与彩排相关的所有因素，以便彩排顺利进行。

（1）婚礼人员

①工作人员——主持人、婚礼策划师、督导或助理、DJ（播放音乐的人）、灯光师、VJ（播放视频的人）、特殊环节相关人员。

②客户方——新郎新娘、伴郎伴娘（傧相团）、双方父母、"大管家"（操办婚宴的全权代理人）、特殊环节相关人员。

（2）再次沟通

①与策划师沟通——是否有更改项目。

②与新人沟通——如新人敲定之前的待定项目并提醒新人检查自备用品。

③与其他工作人员沟通——仪式中需要配合的地方。

④与场地方沟通——确定相关事宜。

⑤召集全部婚礼相关人员（工作人员及客户方）进行彩排前沟通会议。

（3）音响及话筒的调试

①查看仪式所用音响与电脑是否匹配，避免出现单声道或很大的电流声。

②话筒送音是否符合主持人声音条件（高、中、低频及音量的调试）；特别注意方向位置，避免音响啸叫；确认无线话筒的有效距离。

③注意仪式前更换电池。

（4）婚礼音乐

①让新人熟悉特殊时间节点的音乐，如新人入场、退场等。

②电脑中须多备出一些不同风格的有效音乐，以便新人彩排时更改或修改环节。

③准备出婚礼仪式前的暖场音乐及婚宴中的背景音乐。

④建议主持人在电脑里下载并掌握两款音乐剪辑软件。

（5）婚礼中所涉及的视频

①主持人要提前了解婚礼仪式需要播放的视频的内容。

②要特别留意视频结束前 10－15 秒，以便视频结束后马上进入主持状态，避免冷场。

③测试设备是否与所要播放的视频匹配。

④确定视频在婚礼中的播放次序。

⑤主持人有义务提醒新人注意视频的时长和不适宜出现在婚礼中的视频片段。

（6）婚礼道具

①彩排前检查好仪式中所需的道具，以备彩排及典礼时使用。

②特殊道具需要在彩排中反复测试。

③主持人应提前预判某些道具可能存在的使用风险，并提出合理化建议。

（7）新娘房

明确新娘房的位置，以便仪式开始前再次与新人沟通。

2. 现场彩排

（1）主持词的衔接

主持人的彩排主要目的是让新郎新娘及婚礼的相关人员知道典礼仪式中的时间节点、流程环节，以便在仪式中所有相关人员可以各就各位、各司其职，因此主持人在彩排过程中只需要将主持当中的关键环节、提示性词语以及注意事项告知彩排参与人员而不需要将主持词通篇背诵。

（2）新人及其他人员站位

主持人应告知并引导新郎新娘及相关人员在仪式前及仪式中的走位和站位。以下以常见婚礼形式彩排为例：

①共同入场时，新娘应在新郎的左手边即男右女左（不是中式婚礼当中男左女右）。

②分开入场时，新郎可以从舞台正面或侧面走上舞台；新娘与父亲入场时也应站在父亲的左手边。

③入场行进时，无论新娘挽住的是新郎还是父亲，都应错后一个身位（半步），防止新郎或父亲踩到新娘的裙子。

④舞台上转身时，新人走入到仪式区后同时向内侧转身。

⑤嘉宾及父母讲话时，站在舞台一侧，不要遮挡新人。

⑥男主持人在主持过程中应站在新郎一侧，女主持人应站在新娘一侧。需要注意的是：在仪式过程中，主持人应与新人保持较远距离。

（3）礼仪的动作要求

主持人应告知并引导新郎新娘及相关人员在仪式前及仪式中的相应礼仪及动作要

求。以下以常见婚礼形式彩排为例：

①在舞台上新郎行鞠躬礼时宜 45°，新娘宜 30°。

②在新娘入场时，应右手挽住父亲或新郎左侧上臂，并露出四指。

③在交接的时候，新郎首先应向父亲行鞠躬礼。

④新郎新娘走上仪式区后，两人应手牵手。

⑤交换戒指的时候，新郎先为新娘佩戴，佩戴时，以新郎手肘自然弯曲到的位置为宜，新郎轻托新娘的手，新娘手指伸直，用右手大拇指、食指、中指将戒指戴在新娘的无名指上。

⑥掀头纱时，新娘以任意一只脚为轴心，另一只脚后退半步，挺直腰弯曲膝盖，不要翘臀。新郎大拇指插入头纱里、慢慢向上揭，揭起的部分向上卷，帮助整理一下面纱。

⑦誓言之吻时，新郎轻轻将新娘环住（或温柔握着新娘的双肩），新娘将脸自然慢慢靠向新郎，两人头稍右倾。

⑧敬改口茶的时候，新娘先敬改口茶，新郎后敬改口茶；新人双手端起茶杯，欠身奉茶，在父母品茶后双手接过茶杯。

⑨抛手捧花的时候，新娘应过肩抛而不是过头抛。

⑩新人退场的时候，应牵手且目光或肢体应与现场来宾有交流。

⑪新人离开典礼现场前，应转身向现场来宾挥手或鞠躬致谢。

（4）督导的工作落实

在彩排的过程中，婚礼督导应全程参与并记录特殊事项。

（5）舞美效果的配合

在彩排过程中，灯光及音乐的配合要及时、准确，遇到不合适的地方要及时修正。

第三卷　传统婚礼主持人

第一章　婚礼的概述

（一）婚礼的内涵

婚礼，即结婚仪式。

我们的先祖为什么要举行婚礼，并将之看作神圣之事？其实，婚礼的出现是源于人们对天地神魂神话原型的仪式性模仿，其初衷在于繁衍创生。

尽管自原始社会开始到封建社会的各朝各代，都充斥诸如杂婚、血缘婚、多偶婚、专偶婚、对偶婚、等级婚，甚至媵妾制等等这样那样陈腐的婚姻形式体制，但从周公制礼之后，儒家的礼学先贤们还是将经过明媒正娶而男女相合的婚娶礼仪之事，看作是"诸礼之本"。

《礼记·昏义》："昏礼者，将合二姓之好，上以事宗庙，而下以继后世也。"婚姻的缔结并不仅仅是男女新人之事，更是关系到双方家族的大事。对上关系到祭祀宗庙、告慰先祖，对下关系到传宗接代，因此要格外慎重对待。而如何能够做到"敬慎重正而后亲之"呢？这就需要靠礼仪来规范。

（二）婚娶六礼

中国古代婚姻形式虽然多种多样，但处于主导地位的还是媒聘婚，即经过明媒正娶的婚姻姓氏。媒聘婚自周代起就有了一整套繁琐的礼节仪式。《仪礼·士昏礼》中规定，婚娶要经过六道礼仪程序：纳采、问名、纳吉、纳征、请期、亲迎，这就是周代开始实施的婚仪六礼。六礼对于后世的影响可谓是极其深远，从有《礼》以来至清末民国，历经各朝各代，纵跨几千年历史，六礼之本不曾改变。即便是诸如元、清等外族统治时期，仍以六礼为婚娶之制。

1. 纳采

男家请媒人到女家说亲，得到女方应允后派使者送上雁作为礼物，并正式向女家提出缔结婚姻的请求。

2. 问名

是男方派遣使者在纳采后，请问女子生母之名，以分清女方是嫡出或庶出，并问明女子本人名字、出生日期时辰，以便回来后占卜婚姻凶吉。问名也是以雁为礼。

3. 纳吉

男方得知女子名字后，即在祖庙占卜，预测婚姻吉顺。获得吉兆后，就派使者带着雁到女家报喜。行纳吉礼后，婚约就算正式确定。

4. 纳征

即向女方送聘礼。纳吉之后，双方宣告订婚，男方要送给女家玄纁束帛和俪皮等作为聘礼。

5. 请期

男家经过占卜推算，选择成婚的吉日后，派使者以雁为礼，去征求女方的同意。

6. 亲迎

由新郎驾车亲自迎娶。返回男家之后，夫妇之间要共牢合卺。

由此可见，婚礼是以男方向女方求婚为开始，即六礼中的前五礼，也被称为婚前礼。六礼最后的亲迎议程，其实就相当于现代婚礼当天的接亲部分。但对于古人来说，婚仪六礼并不是婚娶礼节的全部，所谓士有百行以孝为先、士有百善以孝为首。亲迎日之后还要行婚后礼，即次日天明新妇则要正式拜见公婆。如果公婆已经去世，则要等到婚后三月行庙见之礼。至此，完整的婚娶仪式才算结束。

第二章　明代婚礼文化

（一）明代婚仪

朱明社会各阶层的婚礼也有很丰富的内容，《明史·礼志九》分为天子纳后仪、皇太子纳妃仪、亲王婚礼、公主婚礼、品官婚礼、庶人婚礼六类。

按《明史·礼志九》记载，明代太子纳妃仪式和皇帝纳后的仪式大致相似，区别之处一是皇太子应该亲迎，二是太子妃出家门后要改乘凤轿，并由太子亲自揭帘："妃乘舆出门，降舆，乘凤轿。皇太子揭帘讫，遂升辂，侍从如来仪"。

明代亲王婚礼同样有纳采、问名、纳吉、纳征、告期、亲迎六礼。《明史·嘉礼》云："其亲迎、合卺、朝见、盥馈，并如皇太子。"盥馈礼毕，亲王与其妃诣东宫行四拜仪。

根据《明史》记述，公主出降，驸马家所行礼节和皇族婚礼礼制相仿，所不同之处在于：合卺前，驸马见公主须行四拜礼：凡此皆所谓"尚主"之制，以公主为贵，其尊贵在驸马与舅姑之上。

《明史》记载中，品官婚礼流程：

1. 先让媒氏通书。

2. 女家同意后，开始行纳采、问名之礼。

3. 纳吉，纳征，请期，皆如纳采仪。宾若带来男家函书，则女家亦以函书答之。

4. 亲迎。此日，新郎父亲告于祢庙，新娘父亲亦告庙，新郎父命儿"躬迎嘉偶"，女父母告诫新娘，新娘升车，新郎先还以俟。

5. 新郎新娘盥洗完毕，合卺。

6. 新郎新娘起身对拜。

7. 第二日新人见宗庙，新郎与其父，新娘与新郎母亲，上香祭酒。

8. 新娘见公婆，进枣栗殿脩。

9. 盥馈礼。新娘为公婆进馔。公婆再醴妇。

明代庶人婚礼的仪程与品官婚礼相似，因此《明史》中对庶人婚礼的记述相对较为简单。但有几点值得关注：

1. 朱熹的《家礼》一书把六礼简化为三礼，而明初恢复了六礼。

2. 新郎在婚礼当日可以假以九品官服，新娘是花钗大袖礼服。

（二）明代礼俗

根据《大明会典》对品官纳妇的记载："执事者各举食案于婿妇之前。司尊者注酒。侍女以酒置于案上。婿妇饮讫。彻盏。司馔者进馔。侍女供馔于案。婿妇馔讫。彻馔。再饮再馔如初。侍女以卺注酒进于婿妇前，各饮毕。"以及庶人纳妇的仪程："妇从者举食案置于婿前。婿从者举食案置于妇前。妇从者斟酒进供于婿，婿受盏饮酒。婿从者斟酒进供于妇，妇受盏饮酒毕。从者以馔进。婿妇皆馔。再饮再馔毕。妇从者以卺斟酒进授婿，婿受卺。婿从者以卺斟酒进授妇，妇受卺同饮毕。"

由此可见，明代的夫妻共牢之礼与酳酳之后的振祭之礼相合，而不设单独的共牢三饭。

《大明会典·朝仪》："君上之礼。先拜手稽首四拜、后一拜叩头成礼。稽首四拜者，百官见东宫亲王之礼。其见父母，亦行四拜礼。其余官长及亲戚朋友相见，止行两拜礼。凡谢恩见辞。洪武二年，令在京文武官，有故告假及出使皆奉辞，还皆奉见，而奉特旨授官，及除授内外百职，皆实时谢恩。到任之日，仍望阙行礼。省选者，亦到任日望阙行礼。或除郡县官给赐银物，听宣谕者，皆总行谢礼。俱五拜三叩头。又令，凡早朝谢恩见辞人员，都察院轮委监察御史二员侍班。凡谢恩者居先，见者次之，辞者又次之，俱行五拜三叩头礼。"

由此可知，在明代，见皇帝要行五拜礼（稽首四拜、后一拜叩头）；见亲王太子行四拜礼；见父母行四拜礼；见官长亲朋行两拜礼；谢恩行八拜礼。

明代重拾汉礼汉服，并以重本抑末的观念，以等级森严的礼法制度和伦理规范制约社会各阶层。比如婚娶之礼，沿袭于宋代的诸多礼俗，都因《大明令》的规定"凡民间嫁娶依朱文公家礼"而废止。

1. 当时留都（南京）所行的嫁娶礼节虽和六礼命名不同，但礼节内容实质是相仿的。

2.谢允。如女家统一联姻，会用银牌书写"允许"二字表示同意，男方要往女家拜谢。

3.小定。相当于六礼中的纳币请期之仪。

4.唐代、宋代所流行的弄女婿、弄新妇、障车、坐鞍、却扇等礼节，在明代已经见不到了。

5.跨马鞍，这个礼俗在明代还是有的。

6.迎花烛，其实就是《仪礼·土昏礼》中所说的花烛前导。

7.明代民间很多地方在亲迎之日，新郎并不亲自去迎接新娘，而是找人代为迎接，甚至是新郎的母亲亲自去女家迎亲。如此，则新娘母亲要亲自送亲至男家答谢。

（三）明代服饰

1.男子服饰

（1）皇帝冠冕

根据《明史·舆服志》记载，明世宗开始，冠冕的形制为："冠以圆匡乌纱冒之，旒缀七采玉珠十二，青纩充耳，缀玉珠二，馀如旧制。玄衣黄裳，衣裳各六章。洪武间旧制，日月径五寸，裳前后连属如帷，六章用绣。蔽膝随裳色，罗为之，上绣龙一，下绣火三，系于革带，大带素表朱里，上缘以朱，下以绿。革带前用玉，其后无玉，以佩绶系而掩之。中单及圭，俱如永乐间制。朱袜，赤舄，黄条缘玄缨结。"

周汉时期的冕冠冕板是加在冠筒的武之上，晋代改为将冕板加在了通天冠上。明代又复周制；皇帝冕冠旒珠改为七采；皇帝衣裳文章各六章。

通天冠服是明代皇帝的专用礼服，由冠、袍、中单、蔽膝、玉佩、方心曲领、舄等组成。用于郊庙、省牲、皇太子和诸王冠婚等礼仪仪式中。

（2）朝服

朝服被作为文武官员在大祀、庆成、正旦、冬至、圣节及颁诏、开读、进表、传制等较隆重的朝事活动中穿着的礼服，明代基本沿袭了宋代梁冠的制度，而且更为周全。明代规定：凡文武官员朝服具着梁冠、赤罗衣、白纱中单皆用青缘，赤罗蔽膝，大带为绢制赤白二色，革带佩绶，白袜黑履。

据《明史·舆服志》和《大明会典》记载，文武官员梁冠的使用制度共分为十一等：最高级的是八梁冠，为公侯所专用，一品用七梁冠，二品用六梁冠，三品用五梁冠，四品用四梁冠，五品用三梁冠，六品、七品，用二梁冠；八品、九品，用一梁冠。

（3）公服

明代公服的用途与唐代有所差异，是用于每天早晚朝奏事及侍班、谢恩、见辞之时穿着。明代官员公服头戴的幞头承袭了宋代平脚幞头之制，二层呈阶梯式方顶的冠体，前低后高，左右两侧平伸的展角略有上翘。

公服之衣，右衽盘领大袖袍，袖宽为三尺。明代沿取唐宋以官服颜色区分等级的模式：一品至四品，绯袍；五品至七品，青袍；八品九品，绿袍；未入流杂职官袍、笏、带与八品以下同。并借鉴元代以花纹等级的方式，《明史·舆服志》记载："一品，大独科花，径五寸；二品，小独科花，径三寸；三品，散答花，无枝叶，径二寸；四品、五品，小碎花纹，径一寸五分；六品、七品，小杂花，径一寸；八品以下，无纹。"

（4）常服

明代另一重要的服饰为常服，常服样式为"乌纱帽，金绣盘领衫。文官大袖阔一尺，武官弓袋窄袖，纻丝、绫、罗随用。束带：一品以玉，二品犀，三品金钑花，四品素金，五品银钑花，六品、七品素银，八品、九品角"。洪武二十四年，朝廷又对常服样式做了更定，用"补子"即用彩绣花样来分别等级高下和作为文武官员的标志。其式样是"用杂色纻丝、绫、罗、彩绣花样"。公、侯、驸马、伯服饰用麒麟、白泽花样。文官服饰一品、二品用仙鹤、锦鸡，三品、四品用孔雀、云雁，五品用白鹇，六品、七品用鹭鸶、鸂鶒，八品、九品用黄鹂、鹌鹑；武官服饰一品、二品用狮子，三品、四品用虎豹，五品用熊罴，六品、七品用彪，八品、九品用犀牛、海马。明代文武官员袍服上的前胸和后背装饰的"补子"图案纹样，就是官员品级和身份的一种标志。

2. 女子服饰

（1）皇后礼服

根据《明史·舆服志》记载，永乐年间制定的皇后礼服样式大体如下：其冠用漆竹丝为圆匡，外冒翡翠，用翠龙九，金凤四，中一龙衔大珠一，上有翠盖，下垂珠结，其余也是口衔珠滴。冠加翠云四十片，大珠花十二枝，每一枝上有牡丹花两朵，花蕊两个，小珠花也是十二枝。冠边三博鬓，即左右各三扇，比洪武定制增加一扇博鬓，用金龙、翠云并垂珠滴装饰。翠口圈一副，上饰珠宝钿花十二，翠钿如其数。托里金口圈一副，珠翠面花五事，珠排环一对。皂罗额子一，描以金龙纹，用珠二十一颗。衣改用翟衣，深青色地，织翟文十二等，间以小轮花。红领袖端、衣襟侧边、衣襟底边，织金色小云龙纹。配有玉色的纱中单，红领，袖端等织黻纹十三。蔽膝同衣色，织翟纹三等，间以小轮花四，酱深红色领缘织小金云龙纹。玉革带用青绮包裱，描金云龙，上饰玉饰十件，金饰四件。青红相半的大带，下垂织金云龙纹，上朱缘，下绿缘，青绮副带一。五采大绶一，间施二玉环。小绶三，色同大绶。玉佩二，璏饰云龙纹描金。青袜、饰以描金云龙，每舄首加珠五颗。其花样和色彩非常丰富，体现了皇后服饰不同于一般妇女装饰的特性，这是由皇后"母仪天下"的特殊身份和地位所决定的。

（2）命妇礼服

命妇即指品官的母妻等直系亲属而言。她们的服饰式样既与后妃有别，又不同于庶民百姓之妇女服饰，介于后妃与庶民妇女之间，自成一个系列。

（3）凤冠

在明代妇女的所有冠饰当中，凤冠当属最华贵的。凤冠是指冠上饰有金凤的花冠。据说凤冠远在汉代就已经出现了，不过比较完善的凤冠还是出现在宋代。宋代服制规定，在后妃受册、朝谒等一些重大礼仪场合时，才可以戴凤冠。南宋以后，宫中贵妇人又在凤冠上加上了龙饰。明代则大体承袭了宋代的龙饰凤冠及其服用之制，所以其确切的名称不应叫"凤冠"，而应叫"龙凤冠"。明代承袭宋代龙凤冠旧制，又对龙凤冠做了改动，使其最大限度地突出皇权、皇威。服制规定，只有皇后可以戴这种龙凤冠，妃嫔只能戴去掉龙的凤冠，而外命妇所戴的"凤冠"则连凤也不许装饰。明洪武三年规定，皇后的礼服冠饰为"图匡冒以翡翠，上饰布九龙四凤，大花十二树，小花数如之；两博鬓，十二钿"。明定陵出土的一顶凤冠，接近史志记载。同年，又对皇妃、嫔的礼服冠做了规定：礼服冠饰九翟、四凤，用花钗九树，小花也是九树，两博鬓饰钿。

（4）霞帔

霞帔是明代贵族妇女服饰中的重要衣饰之一。它实际上是一种不宽的长带子，上面绣有纹饰图案。使用时，将它披绕肩背，经前胸直接垂于衣衫的底缘，为使霞帔固定，帔端各坠有一枚坠子。传说霞帔始于晋代，宋代将霞帔作为贵族妇女的常服使用，明代将霞帔的使用范围和制度又做了调整。除皇后、皇妃在常服中使用外，又将它列入命妇的礼服之中。洪武五年规定，命妇的衣装和等次为：一品、二品穿真红色大袖衫，霞帔、背子都用深青色，质料可选择纻丝、绫、罗、纱，霞帔上施有蹙金绣云霞翟纹。坠子用金钑花。背子上也绣有云霞翟纹。三品、四品衣衫与一、二品相同，但霞帔图案是蹙金云霞孔雀纹。五品衣衫与一、二品相同，霞帔和背子上所用图纹均为云霞鸳鸯纹，坠子为镀金银质，上面有钑花。六品、七品穿大袖衫子，质料可任选绫、罗、绸、绢当中的一种。霞帔和背子上的图案为云霞练鹊纹，用银质缠枝花，坠子为银质钑花，背子图案为绣摘枝团花。

（5）背子

背子在明代更为盛行，它不仅可饰以作为皇帝、后妃的常服，也可以用于命妇的礼服，而且在民间也非常流行。民间流行的背子在质料和颜色上远不如贵族妇女的华丽，也不允许在背子上施以任何图案，甚至连背子的袖子也不允许比贵族妇女的宽博。

（6）襦裙

上襦下裙的服装形式，是唐代妇女的主要服饰，在明代妇女服饰中仍占一定比例。上襦为交领、长袖短衣。裙幅初为六幅，即所谓"裙拖六幅湘江水"；后用八幅，腰间有很多细褶，行动褶如水纹。明末，裙子装饰日益讲究，裙幅增至十幅，腰间的褶裥越来越密，每褶都有一种颜色，微风吹来，色如月华，故称"月华裙"。腰带上往往挂上一根以丝带编成的"宫绦"，一般在中间打几个环结，然后下垂至地，有的还在中间串上一块玉佩，借以压裙幅，使其不至散开影响美观，作用与宋代的玉环绶相似。

（7）侍女服饰

根据《明会典》卷之六十一记载，对婢使人等头饰、衣服式样做出规定，要求婢使人等"绾高顶髻，用绢布狭领长袄、长裙；小婢使绾双髻，用长袖短衣、长裙"。

（四）明代器物

明代在中国陶瓷发展史上是由宋代的百花争艳，经由元代的过渡，变成了几乎由景德镇一花独放的局面。到明代中期以后，景德镇的瓷器几乎占据了全国的主要市场，而高质量瓷器的独占者——宫廷所用的瓷制品，也几乎主要由景德镇供应。真正代表了时代特征的是景德镇瓷器。

明代景德镇的瓷器，以青花为最主要的产品，但其他各类品种也都是十分出色的。按制瓷工艺分有：釉下彩、釉上彩、斗彩和颜色釉四大类。

明代，中国传统手工业发展到成熟阶段，手工业的发展促进了商业的发展，许多手工产品都成为在市场上流通的商品，家具也在其列。明代家具在宋、元家具的基础上发展得更为成熟，在继承前代家具的优秀传统基础上，继续推陈出新，将中国传统家具的工艺技术水平和文化内涵都提升到一个空前绝后的高度。这种鲜明的民族特色在中国乃至世界家具发展史上具有重要地位，因此史称"明式家具"。

第三章　明代婚礼的现代应用

（一）仪　　式

明代是蒙元之后再次恢复汉人统治的朝代，因此明朝在建国之初就极力恢复汉人的传统礼仪制。

明代风格婚礼执行操作参考思路：

1. 人员安排

（1）司礼：主持人，1人。

（2）执事者：配合新郎新娘行共牢合卺礼的主执礼者，1—2人。

（3）侍女：可多人，配合新郎新娘入场、入席、沃盥、设馔等环节。

（4）新人：新婿新妇。

2. 仪式流程

（1）迎请新婿，新郎父亲醮戒。

（2）新娘的父母可行醮戒之礼，盖上盖头。

（3）新郎牵巾引领新娘入场，跨马鞍。

（4）五拜天地、四拜高堂、夫妻两拜（明代婚礼当日没有拜高堂之说，为了体现四拜父母之礼而设置）。

（5）挑盖头（可以使用如意、杼柚、笏板）。

（6）沃盥，侍女为新婿新妇奉匜沃盥。

（7）设席落座。

（8）举案齐眉（根据《大明会典》中记载新郎新娘落座后"举食案，进酒，进馔"。设定为举案齐眉之礼，彼此递举食案，寓意相敬如宾）。

（9）合卺（侍女进合卺酒）。

（10）执手。

（二）服　饰

九品官服配凤冠霞帔

吉服是明代形成的一个新的服饰分类，由传统的"吉服"概念分化而来，指用于时令节日、婚礼、寿诞、筵宴等各种吉庆场合的服装。到清代正式成为冠服制度中的一个专门分类。

传统"吉服"指的是用于吉礼（重大祭祀等）的祭服，如冕服一类。随着时代发展，节日与庆祝活动的增多，就需要一套专门的"吉庆之服"来应对各种喜庆的场合，因此明代就把用于嘉礼和各类吉庆场合的、比日常便服更为正式的服装统称为"吉服"。明代吉服尽管不见于制度，但在各类典章政书、文学作品中屡屡出现，如《大明会典》记载："圣节前三日、后三日，俱吉服。"《万历野获编》卷五记载："锦衣官侍朝，俱乌帽、吉服。"《金瓶梅》第三十九回描写："西门庆重新换了大红五彩狮补吉服，腰系蒙金犀角带。"《醒世姻缘传》第四十四回："到了吉时，请素姐出去，穿着大红装花吉服、官绿装花绣裙、环佩七事，恍如仙女临凡。"

明代的吉服式样与常服、便服相同，如圆领、直身，颜色多用大红等喜庆色彩，如官员就是以大红圆领袍服作为吉服。

《明史》中记载："大袖衫为真红色……霞帔，皆用深青段匹。"可见女子礼服也为大红色，深青色的霞帔绕颈胸前垂下。

由此可见，明代婚礼新郎所穿应为九品官服，而新娘所处为凤冠霞帔。

（三）场　布

1. 背景纹饰

背景是体现婚礼朝代的主要环境元素，能够代表明代的纹饰当数青花造型了。因此，明代婚礼的现代操作中，可以大胆使用青花图案作为舞台背景，既能体现朝代感，又能有效避免新郎新娘红色礼服与背景颜色相撞。

2. 仪式道具

与背景青花元素相匹配，仪式道具器皿都可以使用青花瓷器。

第四章 清代婚礼文化

（一）清代婚仪

清代的婚姻制度在很大程度上依托于明代，并在明代的基础上有所完善。不仅保持了满族文化的内涵，又表现出对汉儒文化的吸纳。清政府在前期采取了比较开明的政策，很多明代的婚礼文化被保留下来。

和前朝一样，清代婚姻制度也有着明显的等级性质。无论是皇族婚礼还是品官仕宦婚礼，抑或是城镇平民或乡村百姓的婚礼，其婚礼无不有着严格的等级规定。

通过《清史稿·嘉礼》可以了解清代各阶层的婚礼形制。

1. 皇帝婚礼仪节

（1）行诹吉、纳采。礼官商定吉日，遣官祭告郊社太庙，遣使臣前往纳采。

（2）纳征。如同纳采礼。

（3）婚前一日，再次遣官祭告郊社太庙。

（4）册后、迎后。皇帝下诏册封帝后，使臣率仪仗接迎皇后。

（5）设宴、合卺。

2. 皇子婚礼仪节

（1）指婚。皇族女子选配偶的婚制，多由皇帝亲自批定，史料中记载最早的是乾隆时期。

（2）传旨宣布以某氏女配皇子某为福晋。

（3）择吉行文定礼。

（4）纳采。

（5）婚前一日福晋家送妆具。

（6）皇子宫张幕结彩，皇子于婚日诣帝后与生母前行礼，然后亲迎。

（7）合卺行两拜礼。

（8）设宴。

（9）翌日朝见帝后，见皇子生母。

（10）婚后九日归宁，"已宴，偕还，不逾午"。

3. 公主婚礼仪节

（1）指婚。

（2）额驸诹日，诣午门进一九礼（纳采之礼）。

（3）次日，燕飨，谒太后，朝见皇帝，谢恩。

（4）公主下嫁前一日，额驸又诣宫谢恩，遣官至额驸府第送嫁妆，命妇铺房。

（5）下嫁日，额驸家诣午门恭纳九九礼物（礼品为鞍马 18 匹、甲胄 18 副、马 21 匹、驼 6 匹、宴桌 90 席、羊 81 只、乳酒和黄酒 45 瓶。）。道光帝后来将进九九礼改为初定进羊九。

（6）吉时到，公主吉服拜别太后、帝、后与生母，出宫。

（7）合卺礼。

（8）婚后九日归宫谢恩。

4. 品官和士庶阶层婚礼仪节

（1）媒妁通书，诹吉纳采。

（2）婿来亲迎之日，女氏主婚者告庙之后，乃行笄礼。

（3）盖盖头登舆轿。

（4）夫妻交拜。

（5）牢食合卺。

通过对《清史稿·礼志》的研究，可以看到清代各阶层都在继承汉族婚礼的礼制，特别是奉行先秦所定的婚娶六礼之制。同时，在沿袭汉礼之外，也加入了清代的一些礼俗。如一九礼、九日归宁、婚日笄礼、三跪九叩礼。同时也制定了士阶层婚娶可按九品官礼制行礼，婚礼中的饰品、器物数量等规定。总之，在《清史稿》中，我们看到的似乎还是我们所熟悉的《仪礼·士昏礼》的影子。

（二）清代礼俗

关于清代的婚礼习俗，很多人认为就是满族婚俗。其实，在清军入关之后，文化礼俗方面都在与汉民族相通相融，这是一种由上而下的变革，是清政府为了稳定自身统治而实施的民族融合政策。正所谓上行下效，上层皇族都在遵循汉礼，更何况中下层社会呢。因此，我们在很多反映清代婚礼文化的文献资料上看到的，大多仍是以《礼经》为主的婚礼流程，只不过在这其中，会有一些具有满人特点的婚俗贯穿其中。

1. 下定

下定，也称为放定。这里所说的下定与宋代的含义不同，宋代的下定指的是六礼纳征阶段；而清代的下定实际是六礼的纳采。《满洲婚礼仪注》中载："纳采，即今之下定。"《乡言解颐》中云："乡人谓纳采曰下定。"

2. 下茶

下茶，即纳币，古之纳征。《满洲婚礼仪注》："纳币，即今之下茶。至日，男家量家居贫富官职尊卑，备币帛钗钏耳环猪羊鹅酒等物，俱用双数。令仆妇人等数对，写币帛钗钏红纸丽丹，纳于女家，陈于厅。币帛钗钏耳环猪羊等物数目原无定额，唯用双数宜。"

3. 泥金帖子

泥金原是一种用金末金屑和胶水制成的金色颜料，古时广泛用于书画、涂饰笺纸、镧刻髹漆等。清代用泥金帖子写订婚信。

4. 通书

男方接到女方发来的"泥金庚帖"以后，便要发"通书"了。男方发"通书"是南方的称呼，根据《乡言解颐》记述的北京婚俗，北方称"通书"为"通信"，"谓纳吉日通信，又曰送吉期"，是确定迎娶日子的帖子。

5. 傧相

傧相是举行婚礼时陪伴新郎新娘的人。

6. 喜娘

喜娘在当时是负责照料新娘的女人。

7. 抱瓶过鞍

《满洲婚礼仪注》一书中对亲迎做了详细描写，其中就有："女家亲眷送女轿至男家，男家母相乃以瓶一，内贮五谷金银等物，令女抱之。导女入室，俗用马鞍一副，与门槛之上。导女从鞍上过，盖取平安之意。"

8. 合卺用杯，合卺诵词

清代满人婚礼上，在行合卺礼时，有一项诵读合卺词的习俗。同时，合卺礼所用器具似乎也并非是卺瓠。《满洲婚礼仪注》中有述："行合卺之礼，诵合卺之词以告祭于天。合卺之礼于轿去后，预将被褥铺设于彩帐内，再于内室中炕前地下铺红毡一条，用矮桌一张，连环合卺壶一对，鸳鸯合卺杯一对，再用高桌一张，上供羊乌义一个，羊肉丝二碗，黄米粥二碗，各置匙箸。合卺时，将桌搭在院内东南隅，察察立下着结髻如意吉祥老人，诵合卺之词告于天。每诵祝词一遍，令人将羊尾肉切一片，用箸将肉丝夹少许，用匙将黄米粥盛少许，同肉及肉丝掷于房上，如此三次。诵祝毕，将所供之羊尾肉丝黄米粥俱陈于室内矮桌上。男跪于桌之左，女跪于桌之右，用吉祥女仆执酒壶卺杯，斟酒于卺杯中，授于二姆相，二姆相接卺杯，和合授于新婚夫妇，各执卺杯略饮，凡三合易卺杯。毕，起。"

通过以上内容可知，清代夫妻行合卺礼时，也是男左女右跪在矮几两边。同时，合卺所用为鸳鸯合卺杯。根据"斟酒于卺杯中，授于二姆相，二姆相接卺杯，和合授于新婚夫妇"一句推知，注酒的卺杯能相合一起，并交到新郎新娘手中，可见其并非是两半的葫芦的卺瓠。应该是一种鸳鸯造型或绘有鸳鸯，且两个杯子能紧贴相合的杯盏。

此外，根据这段记述还可知晓，在清代行合卺礼时，会有长者在院中宣诵合卺词。并且，每念一句都会将羊尾肉卷上羊肉丝，与黄米粥相合抛掷到房顶上，先后三次。

9. 坐床

《满洲婚礼仪注》："新婚夫妇入彩帐内，衾被上相向而坐，遂合帐撤烛，众稍避。"这就是坐床，也叫坐帐礼，据说新娘要在床上坐稳不许乱动，甚至要坐一天。

10. 新郎射箭

按照满族习俗，新娘到达新郎家，新郎要向轿门射出三箭，三箭之后新娘方可下轿。这射出的三箭也是有说法的，头箭射天为射天狼，次箭射地为射地妖，三箭射轿前为射红煞。总之，都是辟邪之意。

（三）清代服饰

1. 男子服饰

清代的礼服以袍服为主，但清代袍服与传统的袍服在形制上有很大不同，具有十分浓郁的民族特色，便于行动与骑射是满族袍服的突出特点。清代袍服上身和两袖部分都很合体，特别是袖子形状非常像马蹄，后来被称作马蹄袖。平时将马蹄部分袖头折于手腕之上，行礼时则将其放下，表示谦恭顺服，礼毕复折。遇有比武、射猎等野外活动时，骑在马上，手持弓箭，马蹄袖既可保暖，又可护手，所以清代满族人又称他们这种传统礼袍为"箭衣"。箭衣的下摆部位开有很高的衩，这原本是为骑马者上下马方便而设计的，满人入关后在官服中加以保留，并且成了显示身份、地位的一种标志。开衩有左右开两衩的，也有前后、左右开四衩的，一般以开衩多者为贵。

清代对男子服饰要求是很强硬的，男子必须留发辫、着满族袍褂。尽管清初实行过"十降十不降"（十从十不从），但其并没有太多地被记录在文献史籍中。所以，所谓的"十降十不降"更像是民间之说。如《清稗类钞·服饰类》云："国初，人民相传，有生降死不降，老降少不降，男降女不降，妓降优不降之说。故生必从时服，死虽古服无禁；成童以上皆时服，而幼孩古服亦无禁；男子从时服，女子犹袭明服。盖自顺治以至宣统，皆然也。犹不解妓降优不降之说，及国初秀才、举人之犹服明服耳。"

（1）皇帝吉服

吉服是明代形成的服饰分类，至清代已经正式成为冠服制度中的一项。用于节日、婚礼、寿诞、筵宴等各种吉庆场合。

皇帝吉服，就是龙袍，是仅次于衮服的礼服。龙袍形式是上下连属的通身袍，右衽、箭袖、四开裾；领、袖都是石青色，衣色明黄；通身绣九龙十二章（清代服装在保留本民族传统的同时，也吸收了历代皇帝服装的纹饰），龙纹在袍服上的具体位置为：前胸后背两肩各一，下摆前后各二，底襟一，领的前后部位饰有正龙各一条，左右及交襟处饰行龙各一条，两袖端饰正龙各一条。在龙袍的下幅上还饰有八宝立水，下摆的前后左右四开衩。穿吉服时，戴吉服冠、挂朝珠，佩吉服带。

（2）蟒袍

蟒袍是皇帝以下大臣的礼服，属吉服系列，又称"花衣"。清代统治者对龙纹拥有独特的使用权，除皇帝外，可以绣饰龙纹的还有皇子、亲王、郡王。然龙的形状有区别。如亲王用五爪金龙，郡王则用五爪行龙。其他人用蟒。清代统治者对形象与龙近似的蟒纹在服饰的使用范围上，却不像明代控制得那样严格。在具体区分上，是以蟒袍上蟒的数量和蟒爪的多少，来划分官职尊卑贵贱的。其中以袍上绣有五爪九蟒的蟒袍最为尊贵，只有皇子和亲王、郡王才准许穿服，贝勒以下的官员除皇帝钦赐者外，一律不得穿服，否则将以违制问罪。一般贝勒、贝子、镇国公、辅国公等可穿服饰有四爪九蟒的蟒袍，但不许用金黄色，其他颜色可以任选施用；一至三品官员的蟒袍与贝勒等人蟒饰相同；四至六品的官员，许穿服四爪八蟒图案的蟒袍；而七至九品等级低的官员，则只准许穿服四爪五蟒的蟒袍。

（3）长袍

长袍，原是满族衣着中最具代表性的服装。清兵入关后，全国军民在必须"剃发易服"的命令下，汉族也迅速改变了原来宽袍大袖的衣式，代之以这种长袍。长袍的样式为圆领、大襟、平袖、开衩。与长袍配套穿着的是马褂，罩于长袍之外。

（4）马褂

行褂是官员出行时所穿的衣装，也叫"马褂"。是指一种长不过腰、袖仅掩肘的短衣。马褂的式样又有对襟马褂、琵琶襟。

（5）马甲

马甲，即背心、坎肩，也叫紧身，为无袖的紧身式短上衣。有一字襟、琵琶襟、对襟、大襟和多纽式等几种款式。其中多纽襻的马甲，满人称为"巴图鲁坎肩"，意为勇士服，后俗称"一字襟"，官员也可作为礼服穿用。

（6）帽

在清代民间首服中，最为流行的是各式小帽，这种小帽实际上就是明代曾盛行的六合一统帽，其形制从明至清基本没有变化。在帽形上，小帽有尖顶和平顶之分，所有帽顶上都设有一结子为饰。小帽在使用上，清初时满汉人等均喜欢戴用，并无什么讲究，但至清中期以后，小帽却多为一些满族贵族和汉族地主及乡绅在宴居、会友、出行等时戴用。一般平民百姓则主要在婚丧嫁娶等红白喜事的仪式之中戴用。相类似的小帽还有"瓜皮帽"，只是帽的结构上分瓣更多而已。

2. 女子服饰

由于清政府在清初推行"易服"之令时，有"男降女不降"的规定，从而使得明代的妇女服饰风格，得以较为完整地保留下来。也正因此，使得清代妇女的服饰形成满汉两种体系。

（1）皇后吉服

皇后龙袍，色用明黄，领、袖俱石青，绣文金龙九，间以五色云，福寿文采惟宜。下幅八宝立水。领前后正龙各一，左右及交衽处行龙各一。袖如朝袍，裾左右开。棉、袷、纱、裘各惟其时。

（2）命妇蟒袍

命妇吉服也为蟒袍形制，也是以蟒袍上蟒的数量和蟒爪的多少，来划分尊卑贵贱。

（3）霞帔

旗女皇族命妇朝服与男子朝服基本相同，唯霞帔为女子专用。明时狭如巾带的霞帔至清时已阔如背心，中间绣禽纹以区分等级，下垂流苏。类似的凤冠霞帔在平民女子结婚时也可穿戴一次。《清稗类钞·服饰类》记载："妇人礼服也，明代九品以上之命妇皆用之。以庶人婚嫁，得假用九品服，于是争相沿用，流俗不察，谓为嫡妻之例服。沿至本朝，汉族妇女亦仍以此为重，固非朝廷所特许也。然亦仅于新婚及殓时用之，其平时礼服，则于披风上加补服，从其夫或子之品级，有朝珠者并挂朝珠焉。结婚日，新郎或已有为品官者，固服本朝之礼服矣。而新妇于合卺时，必用凤冠霞帔，至次日，始改朝珠补服。其说有二。一以凤冠霞帔，表示其为嫡妻也。一以本朝定鼎相传有男降女不降之说也。"

（4）长袍

满族女子着直身长袍，有两种样式，衬衣和氅衣。衬衣为圆领、右衽、捻襟、直身、平袖、无开裾、有五个纽扣的长衣，袖子形式有舒袖（袖长至腕）、半宽袖（短宽袖口加接二层袖头）两类，袖口内再另加饰袖头。氅衣与衬衣款式大同小异，不同之处是指衬衣无开裾，氅衣则左右开裾高至腋下，开裾的顶端必饰云头；且氅衣的纹饰也更加华丽，边饰的镶滚更为讲究，在领托、袖口、衣领至腋下相交处及侧摆、下摆都镶滚不同色彩、不同工艺、不同质料的花边、花绦等。

（5）马甲

马甲，又名坎肩、紧身、搭护、背心，为无袖短身的上衣，式样有一字襟、琵琶襟、对襟、大捻襟、人字襟等数种，多穿在氅衣、衬衣、旗袍的外面。

（6）云肩

云肩为妇女披在肩上的装饰物，五代时已有之，元代仪卫及舞女也穿。清代妇女在婚礼服上也用。贵族妇女所用云肩，制作精美，有剪裁为莲花形，或结线为璎珞，周垂排须。慈禧所用的云肩，有的是用又大又圆的珍珠缉成的，一件云肩用 3500 颗珍珠穿织而成。

（7）裙

裙子主要是汉族妇女所穿，满族命妇除朝裙外，一般不穿裙子。至晚清时期，汉满服装互相交流，汉满妇女都穿。清代裙子有百褶裙、马面裙、襕干裙、鱼鳞裙、凤尾裙、红喜裙、玉裙、月华裙、墨花裙、粗蓝葛布裙等。

（8）凤冠

《清稗类钞·服饰类》："凤冠为古时妇人至尊贵之首饰，汉代惟太皇太后、皇太后入庙之首服，饰以凤凰。其后代有沿革，或九龙四凤，或九翚四凤，皆后妃之服。明时，皇妃常服，花钗凤冠。其平民嫁女，亦有假用凤冠者，相传谓出于明初马后之特典。然《续通典》所载，则曰庶人婚嫁，但得假用九品服。妇服花钗大袖，所谓凤冠霞帔，于典制实无明文也。至国朝，汉族尚沿用之，无论品官士庶，其子弟结婚时，新妇必用凤冠霞帔，以表示其为妻而非妾也。"

（9）鞋

鞋式旗汉各异。旗女天足，着木底鞋，底高一两寸或四五寸，高跟装在鞋底中心，形似花盆者为"花盆底"，形似马蹄者为"马蹄底"，一说为掩其天足，一说为增高体高，实际上体现出一族之风，原本是因为游牧生活天寒时地也湿冷。汉女缠足，多着木底弓鞋，鞋面均多刺绣、镶珠宝。

（四）清代器物

清代 260 多年，康熙、雍正、乾隆三朝堪称盛世，瓷器生产在工艺技术和产量上都达到了历史的高峰。凡是明代已有的工艺和品种，大多有所提高或创新，如康熙青花色彩鲜艳纯净，别具风格；康熙五彩因发明釉上蓝彩和黑彩，比明代瓷器的色彩更丰富，更明亮。

乾隆时期发展了很多特种制瓷工艺，仿古、仿其他工艺和仿外国瓷器的制品都极为精致。整个清代，景德镇始终保持着中国瓷都的地位。

景泰蓝，亦称"铜胎掐丝珐琅"，它是一种特种工艺品，是用细扁铜丝做线条，在铜制的胎上捏出各种图案花纹，再将五彩珐琅点填在花纹内，经烧制、磨平镀金而成。外观晶莹润泽，鲜艳夺目。"景泰蓝"这个名字最先见于清宫造办处档案。

清代家具完全改变了宋、明以来中国传统家具重实用求典雅的气质，形成了清代家具特有的时代风格。

清代家具的产地形成了三个大的生产中心：扬州、冀州（河北）、惠州（广东）。出产的家具按地域分别被称为苏作、京作、广作。

清代家具种类极其繁多，按使用功能分类：坐具类别中有太师椅、扶手椅、圈椅、躺椅、交椅、连椅、凳、机、交机、墩等；卧具类别中有床、榻等；承具类别中有圆桌、半圆桌、方桌、琴桌、炕桌、书桌、梳妆桌、条几（案）、供桌（案）、花几、茶几等；皮具类别有博古柜架、架格、闷心橱、书柜、箱等；此外还有屏具和架具类中的座屏、围屏、灯架等。

第五章　清代婚礼的现代应用

《满洲婚礼仪注》："行合卺之礼，诵合卺之词以告祭于天。合卺之礼于轿去后，预将被褥铺设于彩帐内，再于内室中炕前地下铺红毡一条，用矮桌一张，连环合卺壶一对，鸳鸯合卺杯一对，再用高桌一张，上供羊乌义一个，羊肉丝二碗，黄米粥二碗，各置匙箸。合卺时，将桌搭在院内东南隅，察察立下着结髻如意吉祥老人，诵合卺之词告于天。每诵祝词一遍，令人将羊尾肉切一片，用箸将肉丝夹少许，用匙将黄米粥盛少许，同肉及肉丝掷于房上，如此三次。诵祝毕，将所供之羊尾肉丝黄米粥俱陈于室内矮桌上。男跪于桌之左，女跪于桌之右，用吉祥女仆执酒壶卺杯，斟酒于卺杯中，授于二姆相，二姆相接卺杯，和合授于新婚夫妇，各执卺杯略饮，凡三合易卺杯。毕，起。"

根据上文的记载，满清婚礼也有设席，也用矮桌跪坐，这与汉族礼节相同。所区别之处在于，满族婚礼有如意吉祥老人行民族传统仪式赐福的环节。

（一）仪式

满清风格婚礼执行操作参考思路：

1. 花轿迎亲（迎亲仪仗参见民国婚礼的现代应用）。

2. 新郎射箭辟邪。

3. 迈火盆、跨马鞍。

4. 拜天地、拜高堂、夫妻对拜。

5. 挑盖头。

6. 合婚喜歌赐福。

7. 合卺酒。

8. 坐福。

（二）服饰

1. 长袍马褂配凤冠霞帔

《清稗类钞·服饰类》记载："妇人礼服也，明代九品以上之命妇皆用之。以庶人婚嫁，得假用九品服，于是争相沿用，流俗不察，谓为嫡妻之例服。沿至本朝，汉族妇女亦仍以此为重，固非朝廷所特许也。然亦仅于新婚及殓时用之。"

这段文字是说，清代汉族妇女在结婚时，可以穿着前朝九品命妇凤冠霞帔的礼服，但仅限新婚之日使用。在现代民清婚礼的执行中，我们经常能看到新娘穿凤冠霞帔，新郎穿明制九品官服，而主持人、男女傧相都穿着长袍马褂或袄裙。这是一种风格上的不伦不类。之所以出现这样的错误，主要的原因是误读了"庶人婚嫁，得假用九品服"，而这一规定只针对女子而定。男子的服饰从清初就已经做了规定，男子一律剃头留辫穿满服。因此，要想做清代婚礼，新郎是绝对不能穿着明九品官服出场的，能够穿的只有长袍马褂。

2. 蟒袍配蟒袍

很多人不想穿龙袍做婚礼，但还是希望婚礼规格能显得更加高贵，那就建议他们使用蟒袍的服制。蟒袍是亲王、皇子和品官，以及命妇穿着的礼服。所不同之处，是以蟒袍上蟒的数量和蟒爪的多少，来划分官职尊卑贵贱的。其中以袍上绣有五爪九蟒的蟒袍最为尊贵，只有皇子和亲王、郡王才准许穿服，贝勒以下的官员除皇帝钦赐者外，一律不得穿服，否则将以违制问罪。一般贝勒、贝子、镇国公、辅国公等可穿服饰有四爪九蟒的蟒袍，但不许用金黄色，其他颜色可以任选施用；一至三品官员的蟒袍与贝勒等人蟒饰相同；四至六品的官员，许穿服四爪八蟒图案的蟒袍；而七至九品等级低的官员，则只准许穿服四爪五蟒的蟒袍。

因此，要想彰显婚礼的高贵，新郎新娘可以分别穿着等级匹配的蟒袍执行婚礼。

3. 长袍马褂配秀禾服

作为满族的民族服饰，新郎穿着长袍马褂或长袍马甲（琵琶襟、大襟、一字襟均可），新娘穿着女马褂或袄裙（秀禾服），是最标准的满族搭配形式。

（三）场　　布

1. 背景纹饰

清代婚礼的背景主要都是以双喜字图形作为设计元素，更多体现的是一种红红火火的热闹感觉。

2. 仪式道具

清代婚礼在道具器皿的选用上，选择余地更多更广，既可以沿用明代的青花瓷的素雅感觉，也可以选用粉彩或红釉器物衬托喜庆色彩，更可以选择珐琅彩甚至直接使用景泰蓝杯皿彰显婚礼的典雅华贵。

3. 矮桌和条案

根据《清稗类钞·服饰类》中的记载，矮桌是用于行合卺礼的，而条案是用于摆放祭祀用品，请如意吉祥老人赐福行礼的。

第六章　民国婚礼文化

（一）民国婚俗

短短 38 年的民国充满了征伐战掠，动荡不定的政局也不可能形成如二十四史那样的正统史书，因此也就没有了婚娶仪式的官方说明。我们现在所知所用的民国婚礼仪节，大多来自方志和小说，体现的是一种民间的风俗习惯。

自民国初始，在一波又一波思想革命浪潮的席卷下、在欧风美雨的洗礼下，国人的衣食住行、吃喝玩乐都开始发生翻天覆地的变化。从长袍马褂到西装革履，从布袄黑裙到花样旗袍，从人力车到小轿车，从洋房到西餐，从女性解放到集体婚礼……无不令人惊叹时代的巨变。民国，是中国社会物质文化变革最大的一个转折点，其变革根源在于西方文化的大量涌入，对中国传统思想意识的冲击。

民国时期的嫁娶仪式，糅新旧、中西于一体，丰富多彩。除了依然盛行的传统结婚礼仪外，在不少城市中出现了文明婚礼、集体结婚等新式婚礼，形成了民国时颇富情趣的婚礼景象。

1. 最早的中西两段式婚礼

最早的中西两段式婚礼源于蒋介石与宋美龄的结婚仪式。蒋宋两家从双方联姻的社会影响考虑，决定举行两种类型的仪式。1927 年 12 月 1 日，蒋宋先在西藏路慕尔堂举行基督教式婚礼。基督教婚仪结束后，双方随即赴富丽堂皇的大华饭店，在这里举行中国式的婚礼，由蔡元培主持，何香凝、谭延闿、吴稚晖等一道作为蒋宋婚姻的介绍人。蒋宋的两种婚仪同时举行的做法，在中外历史上也可说是罕有其例。

2. 最早的佛式婚礼

民国时有特色的婚礼为数不少，但其中最为奇特的，大概要数在上海举行的一次别开生面的佛式婚礼。据钱化佛口述、郑逸梅撰写的《三十年来之上海》一书记载，这次佛式婚礼是在上海静安寺太虚法师所设的法范里进行的。大概是新郎新娘平时都好佛的习惯使然，这对善男信女在结合之时，犹不忘菩萨的恩德，因而要别出心裁地举行佛教仪式的婚礼。婚礼是在木鱼声声、香烟氤氲的佛教氛围中举行的。礼堂里，除了铺着绣有金佛字毯子的供桌和供奉的玉观音像外，还有分别写着新郎新娘名字的两幅黄缎领帔。在颇为肃穆的鼓磬声中，为新人证婚的太虚法师宣布婚礼开始。之后，身穿玄色哔叽西装大礼服，左手套着一串念珠的新郎与穿着传统服饰的新娘，在6名身御浅色袈裟的僧人宣诵的佛号声中行礼如仪，逐一完成世俗婚礼中的种种仪节。在当时，采用佛教仪式的婚礼让很多人觉得不可思议。但是，太虚法师不是个墨守成规的高僧，他曾积极提倡"新僧运动"，在自己所开办的法苑中为佛教信徒举行佛式婚礼，正是他所倡导运动的一种积极实践。

（二）民国服饰

1929年4月，民国政府制定并公布了有关服装的条例，条例中正式将旗袍定为国服。所谓国服，就是国民礼服，条例中规定，男子礼服有两种，一种是中山装，另一种仍沿用清代的便服长袍马褂；女子礼服也有两种，一种是长身旗袍，另一种是蓝上衣和黑裙的"文明新装"。如果初期的旗袍不像这么严冷方正，估计也不会被选作国服。

"文明新装"盛行于女学生中，上身多为腰身窄小的大襟衫袄，衣长不过臀，袖短及肘或是喇叭形的露腕七分袖，衣摆多为圆弧形，略有纹饰。下身为黑色裙子，最开始为长裙，裙长至踝，后来渐渐缩短，最后定型于小腿上部。

1.男子服装

（1）长袍马褂

民国初年的男子服式，主要有长袍和马褂。马褂是长袍外所着的短衣，本为满族贵族的马上装束。后传到民间为一般民众所用。不管是长袍亦是马褂，都有着用作礼服和用作便服的分别。用作礼服的，在款式、质料、颜色及尺寸等方面均有一定格式。如马褂，一般都用黑色丝麻棉毛织品缝制，对襟窄袖，下长至腹，前襟钉纽扣5粒。长袍则用蓝色，大襟右衽，长至踝上二寸，袖长同于马褂。在其左右两侧的下摆处，还开有一尺左右的长衩。用作便服的，颜色可以不拘。在初春或深秋季节，人们还喜欢在长袍外加着一件马甲，以代替马褂。当然也有单着长袍的。

（2）西装始兴

长袍、马褂，往往是旧派人物的穿着。一些受过西方思想影响的人或自命为新派者，则大多西装笔挺地穿行于通商口岸、各大都市。西装是西方特有的一种服饰文化。它传入中国，与西方列强入侵中国和西方文化在中国的传播密切相关。最初，西装仅为来华的西方人所穿用，后来在沿海通商口岸地区的一些买办、商人起而仿效，开国人穿着西装之先河。到 20 世纪初，经徐锡麟等人的刻意提倡，并由王兴昌于 1904 年试做成中国的第一套西装后，西装在中国渐渐流行起来。

（3）"中山装"的应运而生

尽管传统的长袍、马褂和西式的西装、学生装，都有着相当多的穿着者，但是在孙中山看来，它们不是落后于时代的要求，就是不适合中国的国情，因而必须加以改革。正是在孙中山的积极提倡和躬亲实践下，一种以他的名字命名的服装应运而生。

关于中山装的来历，说法不一。有的说是 1912 年在广州问世的，有的说是由日本铁路工人的制服改制而成的。但可以肯定的一点是，它与革命的先行者孙中山先生有关。1919 年，孙中山请来上海亨利服装店的伙计，将自己曾经穿过的一套陆军制服改成便装。这套便装在保留军服原有某些式样的基础上，又融入了中式服装和西装的优点，显得更为精练、简便、大方。由于孙中山先生的积极提倡以及他的声望，这种便装式样很快得以流行，再经过不断修改完善，最终发展成中山装，并逐渐成为中国男子普遍穿用的服装。

据说，中山装的样式还颇有些含义。其一，前身四个口袋表示国之四维（礼、义、廉、耻），袋盖为倒笔架，寓意为以文治国；其二，门襟的五粒纽扣以示五权分立（行政、立法、司法、考试、监察），区别于西方的三权分立；其三，袖口三粒纽扣表示三民主义（民族、民权、民生）；其四，后背不破缝，表示国家和平统一之大义；其五，衣领定为翻领封闭式，显示严谨治国的理念。一种样式的衣服竟有这么深的政治含义在里边，这或许也是它成为"国服"的一个原因吧。

2. 女子服装

（1）上衣下裙

民国初年，妇女服装一般仍保持着上衣下裙的形制，与清代没有太大的区别。只是有一些青年妇女受日本女装的影响，穿窄而修长的高领衫袄和黑色长裙，以为唯此才当得起文明、新潮。

（2）改良旗袍

旗袍原是满族妇女的服装，其特点是宽大、平直、下长至足，材料多用绸缎，衣上绣满花纹，领、袖、襟、裾等都滚有宽阔的花边。清朝近三百年间，从孝庄皇后到末代皇后婉容，愣是把旗袍毫无变化地一穿到底。满族女子本不像汉人女子一样纤细，直筒型宽大的旗袍有利于遮盖身材缺陷，再加上她们的"特产"花盆底鞋，穿上之后走起路来摇摇摆摆，能产生一种袅袅婷婷的视觉效果。

20世纪20年代以后，汉族妇女模仿旗人的穿着，使旗袍开始在全国范围内普及起来，并被定为国服。30年代末，伴随着西方人文主义思想的传入，中国人开始注重人的体形，因而出现了一种"改良旗袍"。这种旗袍去除了以往旗袍不合理的旧式结构，裁剪之法更加西化。它最重要的"改良"之处就是采用了西式服装的腰省、胸省理念，打破了旗袍的板状式样，稍宽的胸襟和收紧的腰身设计，突出了女子的丰胸细腰，使旗袍更为合体，女子的曲线之美一览无余。中国自古以来的美人都崇尚削肩，但为了撑得起旗袍，此时的时髦女子还在肩部衬上垫肩以加高肩部的轮廓和高度，叫作"美人肩"。在旗袍侧面，还有开衩，随着走动，露出里面精致的衬裙或者腿部，形成一种诱惑美。因为开衩的关系，旗袍里面盛行穿精美的蕾丝衬裙。这种"改良旗袍"的出现，奠定了现代旗袍的基本结构。从此，旗袍彻底脱离了"旗女之袍"的旧有形式，形成了完美成熟、华丽性感的造型，成为后世女性服装的一种典范。

第七章　民国婚礼的现代应用

（一）仪　　式

我们现在所说的中式婚礼的概念，其实主要指的就是民国婚礼形式，也称为民俗婚礼。由于民国婚娶礼制习俗更多都沿袭于清代，因此也被称作"民清"婚礼。但是对于"民清"婚礼的提法，考虑到民、清两朝民族礼俗和服饰文化的差异，尽管仪节多有相似之处，但还是不能混为一谈。

民俗婚礼风格参考流程（具体执行中还要依据各地风俗）：

1. 发轿，新郎前往接亲。

2. 催嫁，催促新娘上轿。

3. 照轿，喜娘持镜子照轿辟邪。

4. 暖轿，喜娘捧香炉暖轿。

5. 引新娘上轿回府（不同地方上轿方式不同）。

6. 颠轿，轿夫颠轿讨要利市钱。

7. 落轿。

8. 三箭定乾坤（一射天狼、二射地妖、三射红煞）。

9. 新娘执牵巾下轿（不同地方下轿方式亦不一样）。

10. 撒谷豆、迈火盆、跨马鞍。

11. 拜天地、拜高堂、夫妻对拜。

12. 挑盖头（新郎用秤杆挑开红盖头）。

13. 合卺酒。

14. 敬父母茶。

15. 入洞房。

（二）服　　饰

1. 长袍马褂配秀禾服

在 1929 年南京政府颁布的服制条例中，"褂"与"袍"都是合法的男子礼服。既然如此，长袍马褂的装束在民国男子中便十分常见。事实上这样的装束又可分为两个阶段：第一，大约在 20 世纪 20 年代前后，着长袍、马褂，戴六合帽（俗称瓜皮帽）、穿双梁或单梁鞋；第二，大约在 20 世纪 30 年代前后，着长袍或长衫，但与之搭配的一切换成了西式宽檐帽、西裤与西式皮鞋。

女子服装，仍保持着"上袄下裙"的传统形制，但已经注入了一些民国的时代气息：衣长减短，同时发展为十分优美的圆摆，将女性的柔美交代得淋漓尽致，袖口扩大为"倒大袖"。现代婚礼新娘穿着的秀禾服就是这种形式。

2. 中式礼服配秀禾服

中式礼服在民国时期指的是中山装，但现代中式婚礼上，新郎穿着更多的是立领中式服装，既显得精神又不失庄重。新郎穿着中式礼服，新娘一般仍以秀禾服相配。从风格上进行定义的话，这种中式立领礼服与秀禾服搭配行礼，在婚礼上被称为新中式婚礼。

（三）场　　布

1. 迎亲仪仗

开道锣、开道旗、迎亲喜牌、座伞、日月扇、宫灯、鼓乐队、八抬花轿。根据迎亲仪仗的规模还可以加入金瓜、钺斧、朝天镫及龙凤旗帜等。

2. 背景纹饰

民俗婚礼讲究的是红火喜庆的氛围，因此在婚礼色彩的设计上，一般以中国红作为主色。背景可以用红缦配喜字喜联的传统形式，也可以用喷绘、LED 等形式体现中国式元素。

3. 仪式道具

祭案、圈椅。祭案，即条案。

设置有天地君亲师牌位。

香炉、宝瓶、烛台。

干鲜喜果。干果包括枣、栗子、花生、莲子、桂圆等，寓意早生贵子；鲜果包括苹果、橘子、葡萄、石榴等，寓意平安、圆满、吉祥、多子多福。

六证，包括升、尺子、剪子、镜子、称、算盘。

马鞍、火盆、牵巾、盖头、合卺等。

宫灯路引。

第八章　中式婚礼司礼执行标准

中国自 17 世纪中期以后，乃至民国时期，人们在衣冠形态、行为举止等方面产生了较大的变化。但这主要表现在"风俗"层面；而在"礼制"层面，依然是基于"周礼文化意识形态"的延续。

此后出现的婚礼仪规，虽然在仪程表现形式上与古典周制汉礼有较大差异，但应视为周制汉式婚礼的外延风格。因此相应延伸制定"中式婚礼司礼标准"。

本标准适用于明清风格婚礼、民俗婚礼，以及新中式风格婚礼的司礼角色。

1. 认知标准

（1）司礼需对中国传统文化有较深刻了解和认知。

（2）司礼应当摆正姿态，不可突显自身。

2. 服装标准

（1）司礼可单穿长袍，亦可外套马褂或马甲。

（2）新中式风格婚礼司礼可穿现代中式礼服。

3. 行为标准

（1）司礼者应以礼范示于人前。

（2）抱拳拱手，一手握拳，另一手团抱其上。男子左手在外，女子右手在外。

（3）揖拜行礼，男子抱拳拱手躬身为揖拜之姿，女子亦可，或行万福之礼。

（4）站立时，身正昂然，头不晃摆，双目平视，不可斜藐睐蔑。

（5）若手持折扇，当端正把持，不可以扇头直指他人，且在舞台上避免频繁开扇。

（6）行走时，应步履轻盈，忌拖沓迟重。

4. 用词标准

（1）中式婚礼主持词可以古文诗赋为基础，彰显华夏文化博蕴精深。

（2）司礼当准确理解词文含义及出处典故。

（3）司礼当字斟句酌掌握准确读音。

（4）为求现场氛围，主持词可通俗易懂，但切忌低俗怪诞。

5．语音标准

（1）司礼声音当洪亮高亢，切不可尖声细语。

（2）字音句调应随议程起伏迟缓有度。

6．流程标准

（1）基础流程内容。

①轿队仪仗。

②恭迎新人。

③火盆马鞍。

④拜谢天地。

⑤拜谢高堂。

⑥夫妻对拜。

⑦挑红盖头。

⑧饮合卺酒。

⑨敬改口茶。

（2）在基础流程上，结合不同地域习俗、不同风格婚礼可调整或加入不同形式流程。

①中式婚礼：龙凤烛台、致辞发言等。

②新中式风格婚礼除对相应环节删减外，还可加入汉风、唐风婚礼环节。

7．德行标准

（1）司礼在婚礼活动现场，应当举止得当、周正端庄。

（2）司礼应遵守行业基本道德规范，出新活动当守时守纪。

（3）司礼人员不得利用自身岗位优势，在现场出现"吃、拿、卡、要"等不道德行为。

下部　高　级

第一卷　现代商务主持人

第一章　商务主持人概述

（一）专业商务主持概述

1. 商务主持概述

与商务性质挂钩的所有主持活动都属于商务主持的范畴，小到商场门前的促销舞台，大到国际品牌的发布会，商务主持的范围极其广泛，例如：开业庆典、礼仪庆典、车展、房展、展销会、订货会、发布会、演唱会、培训会、答谢会等各类商业性质的活动主持。

2. 专业商务主持人

专业商务主持人指的是具备专业素质的商务主持人，专业商务主持人必须是经过专业播音主持、商务主持的培训，并且能够对各类商务活动应对自如的专业人士。

3. 商务主持的学习方法

（1）发声训练：发声训练包括气息训练、共鸣训练、声调训练、语调训练。

（2）语言技巧训练：语言技巧训练包括有声语言技巧和即兴语言技巧的训练。

（3）体态训练：进行眼神训练、表情训练以及肢体训练等。

（4）台词撰写：根据会议的性质和流程学习撰写合适的主持台词，分为开头词、各环节串词以及结语。

（二）专业商务主持的市场分析

1. 专业商务主持市场需求大

近年来，随着经济高速发展，各类企业公司的商务活动日益增多，而商务活动的大量增加，直接导致专业商务主持人的需求量大大增加。

2. 专业商务主持专业要求高

基于商务活动是公司或企业为传达任务、收集信息而召开的，需要达成一定的会议效果，因此对各项要求非常严格，而商务主持人作为商务活动必不可少的一员，同时也是商务活动的关键人物，其要求标准自然更加严格，因此市场对商务主持的专业性要求很高。

（三）专业商务主持的市场定位

1. 以商务活动的角度

专业商务主持必须服务于商务活动的需求，因此专业商务主持要根据商务活动的举行情况来决定自身的市场地位。商务活动如营销、公关、广告、品牌、传播、投资、收购、兼并、重组、贸易、合作、会议、培训、聚会、展览、报告、庆典等活动，而与之对应的商务主持需求，便是专业商务主持的市场定位之所在。

2. 以行业竞争者的角度

目前国内的资深媒体主持人由于政策限制无法参与商务性质的主持系列活动，而具有传播效应的演员、明星、媒体网红等费用高昂且不具备主持专业性，而经过专业播音主持、商务主持的培训，并且能够对各类商务活动应对自如的专业人士深受市场欢迎。

（四）专业商务主持发展前景

主持人是国家劳动部认定的新型职业之一，已成为非常热门的高薪职业，而专业商务主持人作为主持人中的佼佼者，其薪资待遇非常之好。

伴随着企业的迅猛发展，各类礼仪庆典等商务活动日益繁多，甚至有很多大型企业每年要在全球各地举办上百到上万场商务活动。凡是商务活动，都需要一位优秀的能够控制节奏、把握活动风格的专业商务主持人。因此专业商务主持人会成为企业竞相追捧的对象，极具发展前景。

第二章　商务主持人基本功

（一）专业商务主持的专业发声技巧

专业商务主持的发声技巧分为发音技巧和吐字技巧。

1. 发音技巧和训练

发音技巧和训练分为气息训练、共鸣训练、语调训练和节奏训练。

（1）气息训练，即学会胸腹联合呼吸法。用鼻子深呼吸，将空气吸入肺叶底部——横膈膜处，使肋骨自然向外扩张。以下为气息训练的几种方法：

①软口盖练习法

"闭口打哈欠"，即打哈欠时故意不张开嘴，而是强制用鼻吸气、呼气。

②压腹数数法

平躺在床上，在腹部压上一摞书，吸足一口气，开始从 1 往后数。

③气声数数法

先吸足一口气，屏息数秒，然后用均匀的、低微的、带有气息的声音从 1 开始数数，就像是说悄悄话一样。

④跑步背诗法

平时跑步出现轻微气喘时，背诵一首短小的古诗，尽量控制不出现喘息声。

⑤偷气换气法

选一篇长句较多的文章，用较快的速度读下去，气息不足时，运用"偷气"技巧。

（2）共鸣训练，专业商务主持人需要学会共鸣的发声方法，以下为共鸣训练方法：

①口腔共鸣训练法

采用张口练习法。可用惊吓张口、半打哈欠、吞咽食物张口等方式来练习口腔张口，在气推声之前吸气和同时打开口腔立即发音。

②胸腔共鸣训练法

发音之前先做好闭口打哈欠的准备，在气推声的同时，胸腔打开，做扩胸动作。

③头腔共鸣训练法

练习"凝目远视"。在气推声之前，先凝目远视并提小舌头，同时用气推声。

（3）语调训练，语调是语言表达中的第二大要素，是语言表达的第二张"王牌"。

①把握重音

把握重音的关键是找到重音的确切位置，这就需要明确讲话的重点，表意的词语往往就是重音的位置。

②巧设停顿

停顿起着标点符号的作用，能使口语抑扬顿挫，形成讲话的节奏，给人以韵律美。

③善用语调

语调分为升调、降调、平调和曲调 4 种。在发音训练中，有意识地结合 4 种语调的不同特点进行训练，以使自己的发音具备更强的表现力。

（4）节奏训练，以下对语言节奏的类型做简单介绍：

轻快型——语调多扬抑，语音多轻少重，语句多连少停，语流轻快活泼。

凝重型——语调多抑少扬，语音多重少轻，语句多停少连，语流平稳凝重。

低沉型——语调压抑，语音沉痛，停顿多而长，音色偏暗，语流沉缓。

高亢型——语调高扬，语音响亮，语句连贯，语流畅达。

舒缓型——语调多扬，语音多轻，气息畅达，声音清亮轻柔，语流舒展。

紧张型——语调多扬抑，语音多重少轻，语气强而短促，语流速度较快。

2. 吐字的基本要求及技巧

基本要求：准确规范、清晰集中、圆润饱满、流畅自如。

（1）准确规范

按照普通话的标准发音，每个音的发音部位、发音方法都要准确无误。

（2）清晰集中

清晰的吐字建立在行之有效的发音技巧之上，发音集中可提高字音的清晰度。

（3）圆润饱满

吐字既要准确清晰，又要圆润饱满，有比较丰富的泛音共鸣，使字音悦耳动听。

（4）流畅自如

（二）专业商务主持的节奏掌控

我们知道，商务主持人在活动中可以传播信息、描述会议背景，可以承上启下，调节气氛，但最重要的是商务主持人对整场活动的节奏掌控。因此，商务主持人要把控好整场活动的节奏，适时宣读，既不能"抢话"，也不可出现"冷场"，商务主持人要通过适度得体的主持语，顺利引导活动程序的进行，使人感到前后衔接顺畅，既紧凑又舒适，浑然天成。

商务主持人对于活动时间、活动中每个环节的时间把控是商务活动能否成功的重要一环，由于商务会议是企业或公司管理工作的重要内容，开好每一个会议事关企业或公司的生产和经营，切不可马虎，因此专业的商务主持人一定要具备优秀的活动节奏掌控能力。

（三）专业商务主持常见的问题解析

1. 会前站在台上不知道要做什么，怎么办？

（1）果断而自信地站着，拿着话筒，什么也别做。

（2）微笑审视与会者，表情友好真诚，并看好时间，准时宣布会议开始。

2. 演讲人迟到了，商务主持人要怎么做？

（1）演讲人迟到，主持人可向与会者微笑数秒钟。

（2）或直接进入下一环节，跟观众幽默地说进入下一环节。

3. 主持语速会因环节不同而不同吗？

不会，商务主持人在主持会议时，不要频繁变换说话速度，应保持适度的统一。

4. 台下的与会者干巴巴地坐着，不鼓掌、不兴奋怎么办？

（1）把好的心情传递给与会者，带动他们兴奋起来。

（2）让他们认识到某环节的重要性，引领他们鼓掌。

5. 某一环节时间过长，导致活动时间不够，怎么办？

这非常考验主持人对节奏的把控，同时也是需要主持人及时发现，及时催场、敦促演讲人，并且告知台下的观众，我们要抓紧时间进入下一环节。

6. 合影环节，人太多了，导致台上秩序很乱，舞台效果很差怎么办？

（1）主持人可以直接说请大家有序站好，合影留念。

（2）主持人可以寻求外援，活动主办方的人员或者礼仪人员帮忙控场，维持秩序。

7. 主持时，嗓子突然不好了怎么办？

（1）确保是用胸腹式呼吸。

（2）中场休息时，喝一杯温水，也可以不下咽温水，仰头保养嗓子。

（3）将话筒与嘴保持更近的距离，使得小声取得大声的效果。

8. 活动还没结束，台下乱哄哄的，一小波人陆陆续续离场，怎么办？

（1）稳住秩序，商务主持人要清晰地明白商务会议中很可能有一些人会提前离场，因此要确保在某些人离场的情况下不影响会议的进行。

（2）稳住其他未走的参会者。

（四）专业商务主持的主持词的结构分析

主持词的写作结构分为标题、称呼和正文，标题是主持词的眉目，应简明醒目，以下着重讲正文。正文是主持词的主体和核心部分，一般应载明三层内容：

1. 对活动的目的、性质、意义等的介绍或说明

在文字上一定要简练明快，寥寥几句即说明问题，切不可拖泥带水，否则就起不到应有的效果，甚至令人产生厌烦之感。

2. 对出席活动人员的介绍

恰当得体的介绍是确保活动顺利进行的重要一环，要讲究顺序，就通常而论，应先介绍来宾，再介绍主人，先介绍领导，再介绍群众。

3. 按照活动议程逐一宣读主持语

敏锐地把握活动的进程，因为主持人主持水平的高低，直接关系到活动的成败。

最后，还要对所有参与活动的人员再次致以谢意，并宣布活动结束。

要写好主持词，应注意把握如下几点：

（1）称呼要得体。称呼可以说是主持人主持活动的起首语，是整个活动的"开场"，因此显得特别重要。要根据活动的具体情况采用不同的称呼，如系统内部的活动，可称"各位领导，同志们"；如对外的大型活动，则可称"各位来宾，各位领导，同志们"，或"各位来宾，各位领导，女士们、先生们、朋友们"等。

（2）用语要适当。契合主持人的身份和活动的具体环境，使用恰当的主持语，不可形同"领导讲话"，也不可盲目追求活动气氛而过多地使用浮华艳丽的辞藻。

（3）简短精练。主持词是用来引导活动的议程的，因此一定要精短。

（五）不同商业主持类型主持词的撰写

1. 商务会议主持词概述

商务会议主持词正文部分要依据事先确定的会议或仪式的程序来拟写，使主持词与每一项活动程序有机地融合起来。具体写作时要把握好几个环节：

（1）开场白。商务会议主持词的开场可对来宾的到来表示欢迎和感谢或以简要揭示会议活动的背景和意义。

（2）介绍。主持人要介绍出席会议、主要领导、嘉宾以及每一位发言人。介绍时一要做到次序得体，一般按身份从高到低，身份相同时可按资历高低或先宾后主；二要做到被介绍者的身份、职务、姓名清楚准确；三要做到礼貌，用"请""有请"等礼貌用语。

（3）串词。一个成功的活动，既要求有高水平的主持和精心的活动编排，也要有高质量、引人入胜的串联词的连接和点缀。串联词对于突出活动主题、把握基调、增强信息量和调动观众情绪有不可代替的作用，因此串联词是主持人需要掌握的重要技能。

2. 商务会议主持词的特点

（1）商务会议主持词要为会议服务

从形式上看，主持词的结构是由会议议程所决定的，必须严格按照会议议程谋篇布局，不能随意发挥。

从内容上看，主持词的内容是由会议的内容所决定的，不能脱离会议内容。因此，在撰写主持词的过程中，从结构到内容乃至遣词造句、语言风格、讲话口气等都要服从并服务于整个会议，与会议相协调。

（2）商务会议主持词篇幅

商务会议主持词要短小精悍，抓住重点，提纲挈领。

（3）商务会议主持词语言

与严肃的会议气氛相适应，商务会议主持词在语言运用上应该平实、庄重、简明、确切。

（4）商务会议主持词重在头尾

（5）商务会议主持词结构独立

会议主持词分为开头、中间和结尾三个部分，而且每部分都相对独立。

（六）商务主持人的语言技巧

语言的表达包括主持词语音表达和即兴口头表达两个方面的内容。

1. 商务主持词语音表达技巧

语言的语音表达技巧主要有以下五个方面：

（1）用声技巧

讲究音准、音色、音量和音调的运用技巧。

音准有三点要求：一是使用普通话，二是发音准确，三是吐字清晰。首先，要学会汉语拼音及正确的拼读方法；其次，要多进行朗读训练；最后，对个别发音有困难的音节可以选择一些"绕口令"来反复训练。

音色是指人的嗓音质量，要做到响亮悦耳、圆润柔和、富有情感。

一方面，音量要根据听众听觉的承受能力适度地做出调整；另一方面，要"以情发声"，情绪激动，则声高一些，情绪平稳，则声低一些。

音调是指发音音域的高低变化。音调具有传递信息、交流感情的作用，如"好"这个词，用平直调表示应允、赞同，用高升调表示怀疑，用弯曲调表示赞叹。音调还具有影响听众情绪的作用：音调变化和谐优美，就会悦耳，吸引听众。

（2）使用重音的技巧

重音有强调语义重点、突出主要感情的作用。利用重音增强语言的表现力是语音表达的重要技巧之一。

（3）使用停顿的技巧

停顿可以形成具有韵律美的演讲节奏，而且有时比发声表示的还要多。除生理需要的自然停顿，分为语法停顿、逻辑停顿、修辞停顿和心理停顿，分别进行练习即可。

（4）语速运用的技巧

语速一般分为快速、中速、慢速三种。演讲语速必须根据演讲的思想内容、演讲者的感情、演讲时的环境气氛等需要恰当而巧妙地来安排，使之成为能圆满体现主题有秩序、有节拍、有变化的速度。要正确运用语速必须做到两点，一是语速要富于变化。二是语速的变化要有过渡。

（5）语气运用的技巧

语气即说话的口气。在语气运用中应注意两个问题：一是语气要根据主持词的内容，做到以情发声，以声传情，声情并茂；二是语气要质朴自然，高于生活语气又近似生活语气，使观众感到真实自然，无矫揉造作之感。

2. 即兴口语表达的把握

即兴口语表达是一种实用并且有吸引力的语言表达方式，主持人在节目中使用即兴口语表达会起到画龙点睛的作用。用这种即兴口语表达让主持人形象变得亲近起来，拉近与观众的心理距离。

（1）把握交流的原则

即兴口语表达的交流原则应该是建立在平等的基础之上的，也就是主持人与受众的关系是平等的。在现场主持人用即兴口语化语言来激发观众的积极性，也能让现场的观众找到话题的认同感。

（2）自然与坦然

即兴口语的现场表达虽然可以加入一些表演的元素进来，体现出强大的感染力和吸引力，但商务主持人要把握住表演的度，一定要注意表演元素与自己即兴语言表达的良好结合，控制自己的语言尺度，在规定的场景中自然的流露，不能随意发挥或太夸张。

（3）语言的创造力

即兴口语的创造能力是指主持人根据情境的认知而产生的一种即时的解说能力和一定的意思表达，这是主持人思维能力的反映。主持人即兴语言的创造性主要体现在临场发挥的能力上。因此主持人要构建即兴语言的多层次性，让即兴口语表达能力体现在特定的语境中，符合会议的风格和定位，也符合主持人的个性特征，结合这些特性完成即兴语言的创造力。

第三章　商务主持人的"无声语言"

（一）体态语解析

1. 体态语言概述

体态语言，亦称"人体示意语言""身体言语表现""态势语""动作语言"等，是人际交际中一种传情达意的方式。在交际中常见的体态语言主要有：情态语言、身势语言、空间语言。

体态语言丰富而微妙，是人们心际的显露、情感的外化。

体态语言是身体语言，是心理语言的外露。

体态语言是民族文化形成的印记。

体态语言反映着人的精神面貌。

2. 体态语言分类

（1）情态语言是指人脸上各部位动作构成的表情语言，如目光语言、微笑语言等。在人际交往中，目光语言、微笑语言都能传递大量信息。

（2）身势语言，亦称动作语言，指人们身体的部位做出表现某种具体含义的动作符号，包括手、肩、臂、腰、腹、背、腿、足等动作。

（3）空间语言，指的是社会场合中人与人身体之间所保持的距离间隔。多数人都能接受的四个空间即：亲密空间、个人空间、礼交空间、公共空间。

（二）表情信息传递

1. 眼神的运用

在面部表情中，眼睛能传神、会说话，最能表达细腻的感情。眼睛反映着人物的内心活动、内在情感。我们从眼睛中就可以清楚地了解一个人的格调、气度、仪态、素养。古人云：目不斜视。在面对观众时，黑眼珠一定要放在眼睛的正中，不管在任何时候不可以斜视对人，否则会让人感觉心术不正。目光要专注，眼神千万不能游离。

2. 面部表情的运用

面部表情是以面部肌肉活动的变化表达人的情绪和对现实事物的态度的，在人际交往中，起到传递信息的重要作用。有一个公式这样表述：信息的总效果＝7％的文字＋38％的声调＋55％的面部表情。由此可见面部表情在信息交流中的特殊作用。面部表情的基本要求是热情、友好、诚实、和蔼。最常用的表情是微笑。微笑传达的信息能促进双方沟通，融合双方感情。要掌握好它，诀窍只有一个：发自真心、有诚意。只有发自真心和诚意的微笑，才能使受众感到轻松愉快。

（三）肢体动作的涵义以及运用

1. 肢体动作的含义

肢体语言是一种非有声语言。主要靠身体或各器官、部位的动作和表情输出作用于信息接受者的视觉器官，以实现信息发送者的目的而形成的一种"语言"。肢体语言作为一种表达艺术形式，在传播过程中起着至关重要的作用。巧妙地运用肢体语言，可以塑造主持人的完美形象。自然、大方、举止沉稳和谐或热情激昂的主持人，是观众喜闻乐见的。

2. 肢体动作的运用

举例：手势的运用。

手是人体敏锐、丰富的表情器官之一，它能以多变的态势造型。传递潜在心声，交流内心情感。富有经验的主持人，总是充分地利用面部表情和手势，表达出丰富的思想感情，影响观众，感染观众。

手势的运用与语言之间有一种同步效应。人们的思想感情会通过身势、手势、视线的接触以及整体的仪态与行为举止等给人以直观印象。主持人的一举一动和脸部表情有时比所使用的词语更有威力，所以必须意识到它们的力量，并予以重视。"能说会道"的双手能抓住观众，使他们朝着你想要表达的意思更进一步。手势和动作一定要自然地表现，但不要做太多手势，以免分散观众的注意力。

（四）端正得体的肢体语言

1. "三要"

（1）要有良好的个人修养

（2）要对活动各环节内容有超强的领悟力

（3）要对活动目的心中有数

2. "三忌"

（1）忌"程式化"

（2）忌"妄动"

主持人的体态语言该不该用、怎么用、什么时候用才会让人看起来比较舒服自然，这是要经过思考的，切不可不假思索地随性乱动。

（3）忌"小动作"

主持人的体态语言不同于一般人，在方寸之间的空间里任何一个细小的动作都会被无限的放大，所以必须是准确到位、大方端庄的。从心理上讲，神形兼备、有超强感染力的体态语言来自主持人的内心修养、对人对事的真诚以及责任感。内外兼修的体态语言才是最完美的无声语言。

3. 体态语旨在协助有声语言更好地表达自己的思想感情，因而必须做到以下四点：

（1）自然。自然是对体态语的第一位要求。动作要自然，自然见真淳。

（2）简洁明了。动作要大众化，简洁明了，易于被人们看懂和接受。

（3）适度适宜。以不影响听者对你说话的注意力为度，不要用得过多。

（4）富有变化。适当地重复动作是完全必要的，但不要老重复一种姿势，要随着内容、情绪的变化适当地变换动作和姿态，表现出生动活泼、富有朝气的魅力。

第四章　专业商务主持人形象，色彩搭配的认识

（一）商务主持人形象

1. 形象、色彩搭配的意义

现代经济社会中良好的形象是走向人生巅峰的捷径，是进入成功神圣殿堂的敲门砖。保持良好的自我形象，既是尊重自己，更是尊重别人。专业商务主持人根据自身情况、活动的主题进行色彩、形象的搭配，一方面可以更好地展示自己的个人魅力，另一方面可以与活动更为契合，使观众更有代入感。主持人作为一个媒体中极为重要的公众人物，其形象的重要性、色彩搭配的重要性是不可忽视的。

2. 形象概述

形象是指个人的形象、相貌、气质、行为以及思想品德所构成的综合整体。作为一名专业商务主持人，一定要注重自己的形象塑造。

（1）主持人的艺术形象

商务主持人在化妆、衣着和形体动作方面有意突出某部分的特点，会对观众产生特殊的魅力。主持人在突出身体效应时，还应该注意某些容易出现的缺憾，总体达到一种艺术的美观，使自己的艺术形象永葆风采。

（2）树立自己的风格

风格是主持人的灵魂。树立自己独特的风格，是赢得观众喜爱的秘诀。同时商务主持人一定要确定与自己主持的商务活动性质、目的、内容等方面相协调的风格。

主持人风格的形成需要长期的积累。首先要把握的是在观众面前展示真实的自我，因为风格是个性体现，只有真实流露才是最自然的表现，才能准确地反映出主持人的个性特征、个人风格，应找出自身的特点和优势加以利用，并不断修整完善自己的特点和优势。广博的学识、良好的修养，能赋予主持人不凡的气质和超众的能力，将主

持风格品位不断地提高。

（3）塑造有个性的形象

有个性的形象是指主持人的外形、风格、爱好、专长、文化修养附有自我特点。

商务主持人的形象要从主持人的荧屏形象和公众形象上综合考虑。良好的形象是商务主持人必需具备的，根据商务场合的不同来进行不同的形象规划，以主持场合为参考，以主持内容为坐标，紧贴实际内容，进行主持人的形象规划。

3. 色彩搭配要求

色彩搭配具有很强的吸引力，主持人在色彩的选择上应慎重，根据自身、活动主题、灯光效果等进行搭配，切勿一成不变。

根据自身肤色、样貌进行色彩搭配：

肤色偏黑，适合色调较深、纯度较高的颜色，慎用鲜亮的颜色；肤色偏红，适合低纯度的色彩，暖色调慎用；肤色偏黄，适宜选择暖灰色调、纯度适中的蓝色调，还可以适当以鲜亮色彩来点缀；肤色偏白，适宜的服装色范围比较宽，可以与多种色彩相配。

根据现场进行色彩搭配：

现场光源色调有冷暖之分，在暖色光源下穿着暖色调服装为佳，在冷色光源下穿着冷色调服装。主持人在主持节目时都有背景环境，无论是自然环境还是人工布景，主持人的服装都要与背景相协调。在自然环境下，主持人要注意其服装色彩与环境色的搭配，比如在阳光强烈照射下，不穿浅色服装，适合穿稍深、较鲜艳的服装。

（二）商务主持人形象定位

主持人的形象类型与定位进一步显现主持人自身形象与受众认知相匹配的重要性，主持人作为活动的代言人，活动的类型特征、目标受众与定位风格等都决定着主持人形象定位，因此主持人形象定位应保持活动风格、主持人形象类型与主持人个体特色的三位一体。

主持人活动及其形象最终是要展现在广大受众面前的，受众作为信息接收的终端，不可避免影响主持人的形象定位。作为整体的受众是具有共性的，在把握受众共性特征的前提下，了解受众不同差异对主持人形象的影响，对成功塑造主持人形象定位也是非常必要的。

（三）主持人服装搭配艺术

专业商务主持人的搭配运用到了色彩的搭配既决定了主持人的形象，又突出了活动的主题和主持风格。

1. 服装分类

（1）阶梯式、多层式着装

服装的组配具有阶梯式、多层式效果，比如穿多件套裙，每件服装的颜色虽然各有差异，却能和谐地组合在一起，对视觉造成一种多层次的节奏感。

（2）东方式着装

指穿着具有中国民族特色的服装，使用东方材料再结合西方服装结构特点，能让人感觉到中国民族服装已化作一种精神蕴含在里面。

（3）稚气化着装

它是适用于女性的着装风格。不强调女性曲线美，着装后给人以纯情稚嫩之感，适用于年轻化、儿童化的商务主持活动。

（4）都市化着装

通常是裁剪合身的套装，款式简洁，和谐得体，色彩趋于中性色调，给人以典雅、大方的印象，适用于商业类的主持活动。

2. 服装风格

（1）端庄典雅的风格

端庄典雅的风格，给人以清新优雅、庄重的感觉。一套剪裁合体、用料考究、承袭传统造型的西装，一款尽显女性曲线美的旗袍或拖地长裙都可呈现出这种风格，展现商务主持人的典雅风范。

（2）成熟稳重的风格

成熟稳重的风格，给人以稳重、干净利落的感觉。一套工艺讲究、合体的套装，体现出商务主持人成熟稳重的风格。

总之，专业商务主持人要学会运用服装进行风格造型，把握好服装款式与形象风格的关系，以使自己的形象服从活动的需要。

（四）主持人妆面以及发型设计

1. 妆面设计

专业商务主持人频繁出现在公众的面前，受众群体希望看到的是仪表出众、着装得体、整体和谐的形象，妆色的搭配自然不可忽视。一般来说，女主持人的妆色会根据服装色进行搭配，以求达到最佳舞台效果。男主持人因为不宜化浓妆，妆色多以健康色如琥珀色为主，接近自然本色，可以适应各种服装。

色彩鲜艳明快、装饰性较强的服装，如大红色的晚礼服，相配的妆色也应浓艳，层次感强，脸部还可以加上亮粉，形成光彩照人的效果。

服装色浅并偏灰，包括米色、白色、栗色等，这些服装色显得淡雅而高贵，相配的妆色要柔和、自然，不宜浓妆，以浅色为主。

服装为深暗色彩，配以浅棕色调的妆色，偏冷的服装色彩选择灰棕为主的妆色。穿黑、白、灰的服装时，妆色也应用中性色。

2. 发型设计

发型设计是一门综合的艺术，涉及广泛，须要掌握多门学科，商务主持人的发型设计应大方得体，切勿过度追求个性，设计过于奇特的发型。

（1）根据头型进行发型设计

主持人头型大，不宜烫发，最好剪成直发，也可以剪出层次，刘海不宜梳得过于高，最好能盖住一部分前额。

主持人头型小，头发要做得蓬松一些，头发不宜留得过长。

主持人头型长，两边头发应蓬松，头顶部不要吹得过高，使发型横向发展。

主持人头型尖，上部窄，下部宽，不宜剪平头，剪短发烫卷，顶部压平一点，两侧头发向后吹成卷曲状，使头型呈出椭圆形。

主持人头型圆，刘海处可以吹得高一点，两侧头发向前面吹，不要遮住面部。

（2）根据脸型进行发型设计

椭圆脸形是比较标准的脸型，很多发型均可，并能达到很和谐的效果。

圆形脸，较多的发型都能适合，只须稍修饰一下两侧头发向前即可。

长方脸，避免把脸全露出，刘海做一排，两边头发有蓬松感，不宜留长直发。

方脸形，缺乏柔和感，做发型时应注意柔和发型，可留长一点的发型。

正三角脸，刘海可削薄一层，垂下，剪成齐眉的长度，使它隐隐约约表现额头，用较多的头发修饰腮部，女主持不宜留长直发。

（3）根据五官进行发型设计

高鼻子做发型时，可将头发柔和地梳理在脸形的周围，从侧面看可以减少头发与鼻尖的距离

低鼻子应将两侧的头发往后梳，使头发与鼻子距离拉长。

大耳朵不宜剪平头或太短的发型，应留盖耳长的发型，且要蓬松。

小耳朵小耳不易夹头发，所以太多、太厚的头发不宜夹存耳朵上，长毛边式发型往后梳时应用饰发夹。

宽眼距的头发应做得蓬松一点，女主持人不宜留长直发。

窄眼距的两侧发型可以做成不对称式。

第五章　商务主持

（一）专业商务主持的分类以及特点

专业商务主持分类

喜庆类：娱乐晚会、开业仪式、欢迎晚宴等。

大气稳重类：酒会、剪彩仪式、年会、车展、庆典、订货会、发布会等。

煽情类：募捐晚会、评选晚会等。

专业商务主持特点：

首先，专业商务主持人须做到如下几条：

第一，主持人走向主持位置时，应表现出沉稳、自信的风度，步伐均匀有力、稳健庄严，视会议性质决定步伐的缓急、步幅的大小。

第二，主持人整个会议中的坐姿、站姿和谈吐，必须表现得令人信服。站立时，应双脚并拢，挺胸直背，身体不可摇动。

第三，主持人持稿姿势要符合规范。一般不要手势，即使有动作，也不可过大。

第四，主持人讲话应口齿清晰，内容明显，能够把握会议进程的缓急，思维敏捷，善于引导并能够及时穿插，使会议不空场、冷场。

总之，商务主持人言谈举止必须合乎礼仪规范，要从容自若，举止得体，彬彬有礼，做到符合利益，符合身份。男士梳发剃须，女士不宜戴首饰（戒指除外）。主持人的服装、修饰、走姿、落座、发言等，都应符合身份，自然大方。

（二）专业商务主持流程以及特点

1. 商务主持流程

商务主持人要负责活跃活动现场氛围，增强感染力，让台下与会者产生共鸣。

会议进行中流程大致如下：

（1）开场：问好，介绍主办方、会议主题。

（2）介绍与会嘉宾。

（3）请领导致辞。

（4）典礼或仪式。

（5）节目演出。

（6）与台下互动。

（7）总结结束。

2. 专业商务主持特点

（1）商务主持人作为会议过程的策划者

商务主持人在召开会议前，首先要同工作人员一起策划整个会议过程。例如会议目的、地点、参会人员、会议过程的必要环节以及与会者会议前要过目的材料等。

（2）商务主持人作为会议议程的咨询者及安排者

商务主持人在知悉会议的明确目的后，需着手策划如何进行会议，并制定一份会议议程。同时主持人必须咨询部分与会者对议程的意见，然后再做调整安排，以便更容易达到会议目的。

（3）商务主持人作为会议程序的控制者

主持人必须控制会议的总体程序。商务主持人需要让与会者按照议程流程参会，使议题不离开议程。若与会者的议论深入透彻，主持人可不必干预或引导，若会议出现特殊情况，会议气氛骤降或受干扰，主持人便要立即制止干扰。

（三）专业商务主持市场中的客户沟通艺术

1. 不可以无条件迁就客户

对客户有求必应的做法，出发点虽好，但是实际上，这种做法不一定能达到目的。一般客户的需求都是无底洞，无条件的迁就会给整个项目带来很多负面影响。当然，如果过分控制客户的要求，客户肯定也不会满意，这就要求主持人灵活应变，遇到变更要及时与客户沟通，尽量避免此类情况发生。

2. 保持融洽和谐的沟通气氛

从客户的心理来分析，客户通常非常关注后期服务。活动策划中最忌讳的，是在做策划的前期过程中对客户置之不理，到最后时刻才与客户发生大量接触。所以在策划过程中也要及时与客户保持联系，相互了解，建立起融洽和谐的沟通气氛，为以后的关键实施阶段可能与客户发生的冲突做好准备。

3. 间断性给客户呈现紧张状况

在策划过程中，间断性地给客户呈现一下策划的紧张状况，让客户对策划方案有一个更加直接、可视化的认识，能够及早发现并解决问题，免除后患。在不断的沟通过程中，还应让客户认识到公司时时为客户着想，是荣辱与共的，让客户的主要负责人深深地感觉到自己也是策划的重要组成部分，主持人及其礼仪公司能为客户提供完善持续的后续服务。

4. 掌握应对活动的变更方法

很多情况下，即便前期工作做得再好，需求变更也是不可避免的。主持人应通过良好的沟通机制随时掌握变更情况和可能发生的变更。一旦发生变更，主持人和策划人员一定要冷静处理这些问题，在客户提出需求变更的时候，一定要掌握沟通技巧，冷静地分析，客户此时到底想要实现什么目的，抓住问题的本质。

（四）市场开发以及客户维护

1. 商务活动主持市场开发

（1）自媒体宣传

包括商务主持视频的宣传，商务主持人的宣传以及商务主持人所在公司及联系方式的宣传。

（2）同酒店合作

与不同区域的各大酒店取得联系，最好达成合作，酒店可以通过推荐商务主持获得一定比例的佣金或举办会议方客户也可通过采纳商务主持而获得一定额度的会场优惠。

（3）同各种店铺、企业及机构合作

举例：地区财经报社、大型活动演艺公司、汽车商贸公司等。

2. 商务活动主持客户维护

（1）有效沟通，了解客户需求

一般来讲，实现客户本质的需求有很多种办法都是在与客户的沟通中体现的。

商务主持人初期认真倾听客户意见，多问一些，"您还有什么要求"之类的问题。在客户把要求都表述清楚以后，要迅速评估一下客户的建议，如果实现起来实在太困难，可以给客户一些具体的提议，如"您看这样行不行……这可以达到同样的目的"。最后要注意的是每次沟通后都要与客户确认沟通的结论。

（2）认真仔细，策划活动细节

确定活动的目的，按照客户的要求设计各项流程，认真仔细地在细节处着手，无论是现场的布置、主持词的撰写，还是主持服饰的选择均要非常细致，做经得起仔细推敲的会议，只有之前的活动办得好，生意才会继续上门。

（3）活动后同客户保持友好联系

活动结束后依旧同客户保持友好的联系，有助于老客户的维护，同时也有助于老客户转介绍新客户。

第六章 商务主持人的服务流程

（一）专业商务主持的标准化服务流程

1. 准备工作

（1）领取活动方案并再次确认重要事项

确定活动时间，明确活动需求，与客户确认地点，确认活动主题，确认活动规模。

（2）考察活动现场

第一，操作试用无线话筒，确保活动是可以发挥无线话筒的最佳效果。

第二，确定现场道具布置。

主持人及会务工作人员考察活动现场时，应提前确定下现场的道具布置，做好桌椅摆放、展板、海报及其他宣传品的摆放等布置工作，做到现场气氛浓烈、庄重。

（3）主持稿的撰写及主持训练

确认活动的各项内容并考察现场后，主持人需根据活动流程、活动主题、活动与会人员等活动要素，撰写主持稿并不断地对主持稿进行修改及进行主持训练。

主持稿包括开场白、到场嘉宾名单、主题提纲、结束语。

（4）确定活动时音乐、背景、客户提供的有关资料（可剪辑成视频或 PPT）

（5）会前排练

会前 1—2 天，主持人应当同其他工作人员一起就会议流程进行排练，以确保活动能够按照计划、符合要求。主持人要依靠会前排练，设想活动时可能出现的突发情况，并想出相应的措施应对以及相应的主持词。

2. 现场主持

主持人在会议上开始讲话时是否受到与会者欢迎，第一步将取决于与会者的初步印象。这个印象取决于很多因素，如：主持人是否做好充分准备，眼睛是否闪亮而活泼，声音是否悦耳动听，脸部表情是否生动，对周围的反应是否机智灵活，是否能用简明扼要的话陈述自己的观点。

现场主持流程：

（1）主持人开场白

主持人在会议开始前，先用几秒钟的时间面带微笑地审视一下会场的与会者，随后准时宣布会议开始，主持人的开场白要出奇制胜，可以先介绍一下自己的情况，有时，为了缓和会议的严肃气氛，最好能有个简洁、贴切而幽默的开场白。

（2）介绍到场嘉宾

（3）推动主题

商务主持人要主持和引导活动进行，

（4）结束总结

主持人还要在散会前做出综合和总结以及祝福和展望。

（二）专业商务主持的客户评分系统

采取客户评分制度，客观、全面地总结每场主持的效果，每次主持前发放到客户手中，主持结束时进行回收。评分系统有利于客户体验的及时反馈以及主持的客观分析，针对每一位主持进行及时分析，从而达到更好的主持效果。

1. 评分内容

（1）仪容仪表

服装搭配合理、发型整洁、妆发搭配舒适、台风大方得体、没有小动作。

（2）语言表达

吐字清晰、普通话标准、逻辑顺畅、语速合理、语言简洁明了。

（3）综合素质

反应敏捷、现场效果好、有亲和力、与观众眼神交流自然得体。

2. 评分标准

每项满分 10 分，主持人完成较好可给满分，普通可给 5 分，较差则不计分。

（三）专业商务主持的数据化管理

数据化管理是科学管理的基础。将数据化管理与商务主持管理相结合，可以更加客观、更加详细地进行业务管理，有利于管理人、主持人进行自我分析，更好地开展工作。通过翔实的数据直观地展现，并通过适当地分析，明确主持基本状况，发现工作中的不足之处，为管理者提供准确的决策依据，促进管理层进行有针对性的改进和有效的决策，是科学管理的基础。

完善的数据化管理能够明确指出商务主持中存在的各类问题，以实事求是的方法并辅之于其他管理手段，能够根据问题的严重性与重要性进行有针对性的改善，促进商务主持能力的进步。

（四）不同商务活动的台词赏析

1. 开业贺词

尊敬的各位领导，各位来宾朋友们，大家好！今天这里彩旗飘飘，锣鼓喧天，热闹非凡，一派喜庆的气氛，我们迎来了××开业的盛典。在这里，首先让我们代表××对各位领导来宾的光临表示热烈的欢迎和衷心的感谢！下面我宣布，××开业的剪彩仪式现在正式开始！醒狮起舞！欢乐吉祥！虎虎生威的醒狮寓示着××的前程似锦！大展宏图！各位来宾朋友们！首先让我们以热烈的掌声向××隆重开业表示祝贺！××有限公司创办于××××年××月，一贯以来，公司秉承"以人为本，以诚相待、务实创新"的精神，在日渐激烈的竞争中，稳步前进，不断地创造了一个又一个的奇迹。在××××年的经营历程中，队伍不断地壮大，人员素质不断提高，企业还多年被评为××市纳税大户、经营信得过单位、卫生优秀单位等荣誉称号。2001年被评为××市十大名店称号。今天，××开张，将会在××业上写下新的篇章，××的发展更上一层楼。××位于××，是7层高的中西合璧建筑，外形极富亭台楼阁、空中花园、虚实相间风韵，令来自四面八方的宾客到××都有舒心惬意的，回归自然的放松感觉。××将秉承"以人为本，以诚相待、务实创新"的宗旨，汇集八方的企业文化。

××的进步、发展离不开××市委、市政府、区委、区政府、各有关职能部门和社会各界人士的大力支持，在这里，我代表××表示崇高的敬意和最衷心的感谢！下面我为大家介绍一下出席今天开业盛典的领导嘉宾：

接下来我们要进行剪彩仪式，有请剪彩嘉宾！礼花漫天，喜气洋洋，醒狮欢腾，热闹非凡，让我们再一次以热烈的掌声向××新店开业表示祝贺！祝××开业大吉、大展宏图、财源广进、客如云来！恭喜发财！

尊敬的各位领导、各位来宾朋友们，××新店开业典礼圆满成功！谢谢大家的光临！

祝大家身体健康！万事如意！请大家参观新店！

2. 博览会主持

各位新闻界的朋友，女士们、先生们：

第××届中国××国际博览会除展览外，各项会议活动已经全部结束。本届××博览会在各方的努力下，无论在展览方面还是在项目洽谈和论坛等方面都比往届上了一个新的台阶，主要表现在以下几个方面：

第一，展览规模大，展位设计精美。本届××博览会总面积达××万平方米，特装展位达到××％以上。××个专业馆和××个区域馆无论在内容还是在形式上都有所创新。展品突出了国际性和规模性，重点是在东南亚、"长三角""珠三角"与中国××的经贸合作。

第二，突出了××在西部大开发战略中的产业优势和区位优势。省外企业参展踊跃，参展代表团数量为历届最多，展览面积也为历届最大。在展场的总体策划和展位设计方面努力向国际高品位的展位看齐，把握国际流行趋势，布局更合适，形象也更亮丽。其中××馆主题鲜明，××馆内涵丰富，××馆清新秀丽，××馆几大××集团竞展风采，精品菜肴馆争奇斗艳，德国工业设计展简洁明快，诺贝尔奖成果展图文并茂。各省、直辖市、自治区精心设计展位，其中××平方米的××展区，××平方米的××展区和××平方米的××展区交相辉映，给人留下"长三角"地区经济发展的完整印象。各市州的个性化设计，突出各自的地方特色，从不同侧面展现了××经济发展的新面貌。本届××博览会展览亮点很多，大大增强了展会的魅力。

3．新闻发布会

主持人开场：尊敬的各位来宾、媒体的朋友们，大家上午好！我是主持人××，今天很荣幸能够主持本次盛会！今天我们欢聚在这里，共同见证佳美医疗集团与英国马丁可利、美国SIG的投资合作签字仪式。首先请允许我宣布，佳美医疗集团与英美两家投资基金签字合作仪式暨新闻发布会正式开始。

嘉宾讲话：首先，让我们以热烈的掌声有请××集团董事局主席××先生致开幕词。接下来有请中方××集团董事局主席××先生、××公司代表××先生和××公司代表××先生，就××集团投资合作正式签署相关协议。掌声有请！

签署协议：闪光灯亮起，摄影机开启，让我们与各大媒体的朋友们，共同铭记着历史的一刻，掌声响起来，香槟美酒开，让我们共同祝贺××集团首轮融资成功！

结束语：各位朋友，各位来宾，我们有理由相信××集团在董事局主持××的带领下，将会创造出令世人瞩目的更大奇迹，我们更有理由相信××集团的发展必能推动中国××事业改革的进程，造福国人，惠及万代。让我们共同预祝××的明天会更好！

接下来我们把宝贵的时间留给我们的记者朋友们，现在有请记者朋友们提问。

感谢媒体的朋友们，下面我宣布，××集团与××两家公司签字合作仪式暨新闻发布会正式圆满成功！

4．颁奖典礼

主持人：又是一年芳草绿，又是一年风春意，又是一年春风起，又是一年听春雨。先生们、女士们、各位领导、各位来宾、大家好！感谢你们光临"××××年消费者最喜爱的洗涤、美发、美容化妆品十佳品牌评选"的颁奖联展现场。

主持人：当白兰花像雨点一样落到头上，春风拂过羊城，"××××年消费者最喜爱的洗涤、美化、美容化妆十佳品牌评选在今天将正式落下帷幕。

主持人：当最具影响力的报纸媒体《广州日报》精心策划下，"××××年消费者最喜爱的洗涤、美发、美容化妆品十佳品牌颁奖联展暨日化用品集团采购订货会，不仅是对前期评选活动的回顾和总结，也是为了更好地促进各采购商、消费者与十佳品牌的接触，更好地服务于大众，服务于消费者。在今天颁奖联展的同时，我们还安排了精彩的表演节目和激动人心的游戏问答与抽奖活动，在下面的活动中，让我们欢歌，让我们笑语，让我们同庆！

　　主持人：知则纵横，行则高远。今天的××广场处处生辉、广场盛装霞披，彩球高结，高朋雅客的到来，使此刻的××广场处处生辉、笑语连连。相逢是首歌，在这个大家同聚共庆的美丽日子，让我们一起走进洗化界这个绿树成荫的清凉美丽世界，看优秀洗化企业的交流与竞赛，看繁花簇簇，百花争艳。

第二卷　传统婚礼主持人

第一章　基本常识

（一）昏时行礼

古代迎娶新娘的时间都在黄昏时刻，所以把婚礼称"昏礼"。

之所以在黄昏时成婚，一种说法是源于上古抢婚的习俗。《易经》中就有所记载："匪寇婚媾。"随着社会发展，抢婚的风俗虽慢慢消失，但黄昏时分的嫁娶婚制却逐渐形成。

其实，对于昏时行礼更主要的原因，是因为古人敬畏天地，婚礼有敬神之事的成分在其中。男为阳，女为阴，天理之奥，世间之相。婚娶之事，自当顺应阴阳之变，阳往而接迎，女来而归至，而这一过程正好与日落时分的阴阳交达相契合。因此，婚娶亲迎之礼在黄昏时执行。古代诸多典籍也都对昏礼之意进行了阐述。《仪礼·士昏礼》郑玄注："士娶妻之礼，以昏为期，因而名焉。阳往而阴来，日入三商为昏。"《礼记》："夫昏礼万世之始也，取于异姓。"郑玄曰："婿曰昏，妻曰姻。"昏时入嫁，因昏而改随夫姓。《白虎通义》："婚姻者何？昏时行礼，故谓之婚也；妇人因夫而成，故曰姻。所以昏时行礼何？示阳下阴也，婚亦阴阳交时也。"《毛诗正义》："男以昏时迎女，女因男而来。……论其男女之身谓之嫁娶，指其好合之际，谓之婚姻。嫁娶婚姻，其事是一。故云：'婚姻之道，谓嫁娶之礼'也。"《尔雅·释亲》："婿之父为姻，妇之父为婚……妇之父母，婿之父母相谓婚姻……妇之党为婚兄弟，婿之党为姻兄弟。"

（二）以雁为礼

雁是候鸟，南迁北往都有定时。古代认为男属阳，女属阴，雁南往北来顺乎阴阳，以雁为礼象征一对男女阴阳和顺。另一说法是，雁中雌雄成双，并且配偶是固定的，一只死亡，另一只就不再择偶，以雁为礼象征爱情的忠贞。

（三）拱手礼

拱，古之为"捊"，本义为拱手。《说文·手部》："捊，拱也。从手，金声。"

清代段玉裁《说文解字注》："拱，沓手也。两手大指头相拄。九拜皆必拱手而至地。立时敬则拱手。行而张拱曰翔。凡拱不必皆如抱鼓也。推手曰揖，则如抱鼓。凡沓手，右手在内。左手在外。是谓尚左手。男拜如是。男之吉拜如是。丧拜反是。左手在内。右手在外。是谓尚右手。女拜如是。女之吉拜如是。"

（四）揖拜礼

双手叠抱胸前拱手致意称为揖礼，这是宾主相见的礼节。《仪礼·乡饮酒礼》郑玄注说："推手曰揖。"古代揖礼根据对象的不同，推手时有高、平、下之别。《周礼》中规定，对没有亲属关系者，行礼时俯身，推手稍稍向下，称"土揖"。对异姓有婚姻关系的，俯身，手从胸前向外平推，叫"时揖"。对于同族同姓的就用"天揖"，俯身推手时略微向上举高。用于略尊于己者的揖礼，叫"长揖"，即行礼时站立俯身，两手合抱拱手高举，然后自上而移至最下面。后来长揖成了不分尊卑的主客相见礼。如果要行揖手礼的对象有很多个，则要分等级而视。若对方是尊贵之人，则重行"特揖"，即一个一个地作揖。若对方是低一等级之人，则可以行"旁三揖"，即对众人笼统地作揖三下。如果面对的是不同等级的众人，则要按等级分别作揖。

（五）跪拜礼

拜指低首折腰，古人认为低首躬身更显谦卑与尊人。跪则是双膝着地，腰臀部欠起的姿势。行跪拜礼是表示特别敬重和庄重的礼节。跪拜在不同场所、不同对象面前姿态要求也有所区别。为此《周礼·春官·大祝》规定了九种跪拜礼，即稽首、顿首、空首、振动、吉拜、凶拜、奇拜、褒拜、肃拜。这之间差别细微，极其烦琐。其中稽首、顿首、空首三种是正拜，按清代凌廷堪《礼经释例》卷一附《周官九拜解》的解释，属"吉事之拜"。振动、吉拜和凶拜三种是"凶事之拜"。

（六）坐立行走

古人认为君子仪态贵庄重，孔子说："君子不重则不威，学则不固。"这是因为，只有庄重才会有威仪，有威仪然后才有敬。《礼记》曰："致礼以治躬则庄敬，庄敬则严威。"所以，一个人平时生活中应容貌仪态端正庄严。然而，要人庄重严肃并不是令人望而生畏，而是严肃不失温和，威严不令人可怕，庄敬而又安详。

坐。古人要求："坐如尸，立如齐。""尸"是古代祭祀时端坐代为受祭的人，"齐"指祭祀之时庄正有仪。要求人坐时要如祭祀时恭敬严正。"坐，背直，貌端庄……仰为骄，俯为戚。毋箕以踞，欹以侧。坚若山，乃恒德。""箕踞"就是指端坐的时候臀部着地，像畚箕一般两腿分开而坐。

古人坐姿和现代不同，那时没有椅凳，常"席地而坐"，双膝着地，跪坐在脚上，但如果"箕踞"而坐，则是一种轻视对方、傲慢无礼的举动。战国时，荆轲行刺秦王的目的没能达成，便靠着柱子大笑，"箕踞以骂"，采取的正是这种坐相，以表示对秦王的鄙视。

立。《礼记·曲礼上》规定："立必正方，不倾（姿态歪斜）听。"《幼仪杂箴》等蒙学读本也训导幼童：足要并立齐正如植，延颈引领，手恭垂自然。其中也敬，其外也直。不东摇西晃，进退有式。这样一来，将来会有圣贤之立相。站立时颈项向上伸展，双臂自然下垂或放于身体前后。古人要求人站姿挺拔笔直，舒展俊美，而如果站立时探脖，塌腰耸肩，歪斜，就会让人觉得他不注重仪态。

走。"矩步引颈，俯仰朝庙，束带矜庄，徘徊瞻眺。"这就是说，走路要合规矩，抬头挺胸，挺拔引颈，或俯或仰，要如同在朝庙中一样庄重。穿着齐整，行走目视前方。《礼记》说："行容惕惕，庙中齐齐，朝廷济济翔翔。君子之容舒迟，见所尊者齐遬。"大意为，走路要身体挺直，步伐稳健。步态在庙中祭祀时则要显恭正，在朝廷上要庄重安舒，快步而行，君子步态应看上去舒雅从容，见了尊者则要显得恭敬谨慎。

（七）奉匜沃盥

《左传·僖公二十三年》有"奉匜沃盥"的记载。沃的意思是浇水，盥的意思是洗手洗脸，奉匜沃盥是中国古代汉族在祭祀典礼之前的重要礼仪。匜是商周时期用青铜铸造的一种洗漱器皿，相当于现代的瓢或舀水器，有的有盖，有的体高，有的全身布满花纹，造型不一。

按照礼书的记载，古代洗手方式有两种，其一为在堂的东阶前东南处，那里放着盛水的器皿，叫作罍，罍里面放着一个勺，叫作枓，是用来舀水的。另外，旁边还有一个器皿，叫作洗，是用来接洗手之水的。简单地说就是用枓舀水淋洗，而不是像今天把手直接放在盆里。这种方式是一个人自行解决的。还有一种方式，程序与此相同，只是舀水是别人来帮助你，这个时候所用器皿的名称也变了，盛水的叫作匜，下边接水的叫作盘，没有枓之类的东西，侍者直接托着匜淋洗。

第二章　先秦婚礼文化

（一）先秦婚仪

《仪礼·士昏礼》的全文内容，详细地记录了先秦时期士阶层的婚礼过程，包括了婚前礼、正婚礼和婚后礼。

1. 婚前礼

纳采：男家请媒氏到女家下达提亲之意，女家答应议婚后，男家派使者献上采择之礼，用雁作为礼品。主人要设席着正装，三揖三让把使者请到堂上，郑重地接受男家的礼物。

问名：纳采之后，使者以另一只雁为礼，向女家问明女子的姓氏。主人再次相请，接受礼物，并告知女子姓名等信息。女方家盛情款待男家的使者。

纳吉：男家问得女子姓氏后，归卜于庙，若得到吉兆，则再派使者以雁为礼登门告知女家，此即纳吉，婚姻之事由此而定。

纳征：男家到女家致送聘礼，女家纳聘后，婚姻之事乃成。送的聘礼是玄色和纁色的帛共五匹，鹿皮两张。

请期：男家卜得婚礼吉日，再派使者到女家告知，并请女家指定婚期，意在听命于女家，尊重女家。

2. 正婚礼

亲迎：新郎身穿爵弁服，乘黑色马车来到女家。新娘身穿有红色镶边的衣裳，站立在房中。新娘的父亲身穿玄端服，到大门外迎接女婿，翁婿相互行礼，三揖三让登至厅堂，新郎将带来的雁呈上，再行礼叩首后，引领新娘出门，此时新娘是跟着新郎从宾客专用的西侧的台阶走下厅堂的。新娘的父亲不出门送别。女性长辈在车前为新娘披上避风尘用的罩衣。新郎驱车前进，让车轮滚动三圈后，改由车夫代替新郎驾车。

新郎乘自己的车先回家，在门口等候新娘。

新娘到达新郎家大门外，新郎拱手行礼，请新娘进门。走到寝门前，新郎又拱手行礼，请新娘入内，新郎导引新娘一起从西阶登堂。陪嫁者为新郎布置坐席。陪嫁者和新郎的女侍交替为新郎、新娘浇水洗手。侍从开始把鼎抬入内院，并从鼎中取出各种肉陈放在俎上。事毕，赞者开始将盛有酱菜的豆和盛粮食的敦依次码放在新郎席前，盛肉的俎也顺序放好，打开器皿的盖子。新郎拱手行礼，请新娘就席，然后双方在席两边相对坐下，开始共牢。共牢就是两人先举肺以祭并吃掉，再吃黍，并用手指蘸酱为嘴里的黍调味，这是一饭。这样吃三次才算礼毕。赞者用爵盛酒为新郎新娘递上，新郎新娘喝酒前要先拿起肝蘸上盐并抖落多余的盐，吃一口放入盛腌菜的豆中，这叫振祭。振祭之后再喝酒，这是初酳。第二次用爵喝酒不用再行振祭之礼。三酳时用卺盛酒。三牢三酳之后，赞者和新郎新娘都起身。新郎走至外屋，新娘在室内北墙下站立，赞者撤走室内的食物。新郎在外屋脱下礼服，由陪嫁者接着。新娘在室中脱下礼服，由女侍接着。年长的老妇将佩巾给新娘。女侍和陪嫁者分别为铺卧席，两张卧席上都放有枕头，按脚朝北的睡向摆放。新郎从外房进入室中，亲手解下新娘许嫁时系的缨带。至此，婚礼完毕。

3. 婚后礼

拜舅姑：次日清晨新娘拜见公婆。为公公奉上枣、栗，为婆婆奉上捶制而成的干肉。之后，新娘洗手后向他们奉上盛在俎上的猪肉和盛有酱菜粮食的豆和敦，公公婆婆也要边祭祀边吃三次。之后新娘递酒，请他们漱口，这里不用振祭之礼。接着，在室中北墙下铺席，新娘将公婆吃剩的食品撤到席上，新娘要吃公公吃剩下的食物，公公嫌不干净而加以制止，让她更换，新娘从命。新娘又吃婆婆的余食。同样按照祭祀的方式吃。吃完后，婆婆递酒请她漱口，新娘坐下，祭祀后将酒饮尽。

（二）先秦礼俗

1. 男右女左

我们现在所说男左女右是以坐北朝南为方向参照，男子在东、女子在西，故而为男左女右。但按《士昏礼》记载，婚礼上男子之席在西，而女子之席在东，按照我们习惯的方位界定的话，这是男右女左的位置。其实，古人以西方为敬神之位，所以在礼仪活动中，祭祀敬神之事都要以西为上，家事则以东为上。而在古人的意识思维中，婚礼是上告祭宗庙、下传宗接代之礼仪，其性质与敬神之事相同，理应以西为上。加之当时的男尊女卑的思想，男子所在自当为上位，故而在西。这一位置安排到唐代发生了根本的变化，改为男东女西，即男左女右的位置关系。

2. 结缡

另作结褵，是指女子临嫁前，母亲为之把缡（即佩巾）系结身上，以表示到男家以后应辛勤地操持家务。《诗经·东山》："亲结其缡。九十其仪。"《后汉书·马援传》："施衿结缡，申父母之戒。"《文选·女史箴》："施衿结缡，虔恭中馈。"可见，"结缡"以后女儿要听"父母之戒"，在家中力主饮食等事。

3. 不举乐

与现代婚礼中热闹场面不同，先秦婚姻礼仪上是不举乐的，就是婚礼中禁止鸣锣奏乐。《礼记·郊特牲》在解释婚礼不举乐时所说的："婚礼不用乐，幽阴之义也，乐阳气也。"婚为阴礼，属阴，"乐由阳来，声为阳气"，乐属阳。而"古之制礼者，不以吉礼干凶礼，不以阳事干阴事"。即说阴阳不相干，阴礼是不能用属阳的。另一方面，婚礼不举乐是在于表示"重传世"及对父母的思念。《礼记·曾子问》："孔子曰'嫁女之家，三夜不息烛，思相离也。娶妇之家，三日不举乐，思嗣亲也'。"思嗣亲，则不无感伤，故不举乐。后世的《白虎通·嫁娶》中也提及："嫁女之家，不绝火三日，思相离也。娶妇之家，三日不举乐，思嗣亲也。感亲年衰老，代至也。"

（三）先秦服饰

1. 男子服饰

中国的冠服制度，是在夏商周时期，随着社会阶级意识和等级尊卑的形成而逐渐确立起来的，到了春秋战国时期，更是将冠服制度纳入礼制的范畴，从而使冠服体系成为了仪礼的重要表现形式。战国时期，服饰样式一改商周时上衣下裳的形式，逐渐出现了将上衣和下裳缝合在一起的深衣制式。

（1）冕服

冕服采用上衣下裳的基本形制，即上为玄衣，玄，指带赤的黑色或泛指黑色，象征未明之天；下为纁裳，纁，指浅红色（赤与黄即纁色），表示黄昏之地。冕服主要是由三个部分组成，即冕冠、冕服和佩饰附件。

冕冠，传说由黄帝创制，目前已知最晚商代已有冕，是天子、贵族、士大夫的一种礼冠。天子冕冠基本由冕板、冠卷、旒、纮、充耳等组成。

冕服，与冕相配的衣服称冕服，根据不同的礼仪场合分有六种形式：大裘冕、衮冕、鷩冕、毳冕、希冕、玄冕，亦被称作"六冕"。周代只有天子得以穿全六冕；公之服，衮冕以下的五冕；侯、伯之服，鷩冕以下的四冕；子、男之服，毳冕以下的三冕；孤之服，希冕以下的二冕；卿、大夫之服，只玄冕。周代冕制至汉代已经消亡，东汉明帝时重订制度，之后各代沿袭，各有损益，至清代废除不用。

中单，是衬于冕服内的素纱衬衣。

芾，又作韨或韍，即是蔽膝，由商代奴隶主的腰间韦鞸发展而来。系于革带之上而垂于膝前，由于最早衣服的形成是蔽前之衣，因此加之于冕服之上有不忘古之意。天子用直，色朱，绘龙、火、山三章；公侯芾的形状为方形，用黄朱，绘火、山二章；卿、大夫绘山一章。

舄，是与冕服配套使用的一种复底礼鞋。分为底和帮两部分：底的上层为皮或帛，下层为木质；帮以帛为之。

（2）爵弁

从《礼经》中对新郎去迎接新娘的亲迎过程的描写，我们可以看到先秦时期，士阶层新人的着装标准。

"主人爵弁，纁裳缁袘，从者毕玄端。"夫为妇之主，故称新郎为主人。由此可见，新婚婚礼当天所着的服装是爵弁。纁裳，浅绛色的围裳。缁，黑色之最深者。黑色深浅之度：最深为缁，其次为玄，又其次曰纰。袘，裳下端的缘边。

《仪礼·土冠礼》"爵弁服，纁裳、纯衣、缁带、韎韐。"纯衣，即丝衣。韎韐，赤黄色的蔽膝。

总之，爵弁服是士的礼服，颜色应该是浅红色的裳，黑色的丝衣，黑色的大带，赤黄色的蔽膝。其冠的形制接近冕服。在冠上亦设有冠板一块，但不垂旒，也不做前倾，前后等高。因包裹冠板的布为雀头的颜色，又称之为"雀弁"。

（3）从者玄衣

"主人爵弁，纁裳缁袘，从者毕玄端……姆纚笄宵衣，在其右。女从者毕袗玄，纚笄，被颖黼，在其后。"

《仪礼·士昏礼》这段文字在明确新郎新娘服饰的同时，也强调了双方从者的服装要求，男方从者为玄端，女方从者为宵衣和袗玄。

（4）玄端

黑色礼服。为礼服中较贵重的一种。由玄冠、缁布衣、玄裳、爵韠组成。玄，黑色；端，端庄、方正，指衣服用直裁法为之，规矩而端正。《礼记·郊特牲》："委貌，周道也。"郑玄注："常所服以行道之冠也。或谓委貌为玄冠也。"《仪礼·士冠礼》："委貌周道也，章甫殷道也，毋追夏后氏之道也。"郑玄注："或谓委貌为玄冠。"

2. 女子服饰

（1）礼服

周代贵族妇女的礼服根据不同礼仪情况的需要共分有袆衣、揄翟、阙翟、鞠衣、展衣、褖衣等六种形式。这六种礼服按后世宋聂崇义《三礼图》解释的造型，均为宽衣博袖的袍式装，据说让妇女穿着上下连为一体的袍装，有喻妇女应专一妇道的隐义；在袍的领口和袖口都有缘边；身饰玉佩；所配舃履随其衣装的颜色。为使有纹饰礼服上的饰纹张显，纹饰下面还衬有白色的丝纱，用以反衬。

（2）纯衣

《仪礼·士昏礼》："女次，纯衣纁袡"。次，一种按头发长短编制的假发。纯衣，黑色丝质礼服。纁袡，浅绛色的衣服边缘。纯衣的四周多镶以浅绛颜色的绛边，但是没有纹样，和平时所穿服装有所不同。郑玄有曰："凡妇人不常施袒之衣，盛婚礼，为此服。"

可见，先秦女子婚礼服饰形制多与男子相同，唯有服饰的颜色有所区别。

（四）先秦器物

综合目前的考古发现和文献记载来看，中国的青铜器最晚在距今五千多年前产生，后逐步发展，至夏商周时期，其发展陆续达到两个高峰，然后缓慢衰落，直至秦汉以后逐步退出历史舞台，前后近两千多年的时间。可以说，青铜器在中国早期文明的发展中扮演了重要角色。

通过《仪礼·士婚礼》，我们可以了解到先秦时期婚礼上的必备器具包括：鼎、尊、爵、勺、禁、豆、敦、俎、匕、匜、洗、瓮、筐、席等。其中，除瓮、筐、席是匏瓠和竹编之外，其他器物基本都是青铜制品。当然，俎在考古发掘中虽以木制或漆器多见，但也不乏几件青铜俎的出土。因此，为了追求整体的统一，我们在这里还是把俎并入先秦婚礼的青铜器具序列之中。

第三章　先秦婚礼的现代应用

（一）仪式

先秦婚礼可谓是最正统的汉民族婚礼形式，其根基为周礼制形，故而也称为周制婚礼。和后世唐宋甚至明清婚礼中兼收并蓄的礼俗文化特点不同，看似遥远的先秦，却有着最为直接、最为坚实的礼学依据。一本《仪礼》明确了全部礼仪文化，一篇《士昏礼》更是让婚礼成为了能够引经据典的、严谨的文化载体。

周制婚礼（先秦婚礼风格）执行操作参考思路

1. 人员安排

（1）司礼：主持人，1 人。

（2）赞者：配合新郎新娘行共牢合卺礼的主执礼者，1 人。

（3）侍者：可多人，配合新郎新娘入场、入席、沃盥、设馔等环节。

（4）新人：新婿新妇。

2. 婚前礼

复原婚前礼的五礼，即纳采、问名、纳吉、纳征、请期。可以现场呈现，也可以提前拍摄，让新郎新娘及双方父母共同参与。

3. 正婚礼

（1）入礼：新夫以父母醮戒方式出场，之后迎接新妇。新妇也以父母醮戒方式出场，新夫亲迎新妇登台。也可新夫和新妇共同入场。

（2）沃盥：侍者为新夫新妇奉匜沃盥。

（3）设席：由侍者为新夫新妇现场铺设筵席。

（4）设馔：侍者捧豆、俎入，分设新夫新妇席前。

（5）对席：新夫新妇分坐入席。

（6）共牢：赞者或侍者分别为新夫新妇夹送牢肉，新夫新妇食之，可行三牢之礼。

（7）酳酢：赞者或侍者分别为新夫新妇注酒，新夫新妇以爵酳酒两次。

（8）合卺：第三次酳酒用卺。

（9）解缨：新夫为新妇解缨。

4. 婚后礼

为了先秦婚礼的连贯性和完整性，可以请新妇拜见舅姑（新郎之父母）送上枣栗腶脩。舅姑送上酒水以做感谢。

当然，这是按照最传统的古礼方式行婚后礼，也可以在新夫新妇换装后直接为双方父母敬茶。

（二）服饰

1. 新郎着爵弁服，新娘着纯衣

按照《仪礼·士昏礼》的记载，我们不难确定士阶层新人的服装，即爵弁服与纯衣的搭配，其实纯衣应该属于深衣的范畴。

2. 新郎着衮冕，新娘着袆衣

对于想让婚礼更显贵族感觉的新人，建议他们穿着冕服和命妇礼服，可以彰显华贵的气质。但需要注意的是，冕服有大裘冕、衮冕、鷩冕、毳冕、希冕、玄冕六种，王后命妇的礼服也有袆衣、褕翟、阙翟、鞠衣、展衣、椽衣六种。所以为新人做搭配上应该结合服饰材质和颜色进行选择。

建议匹配的模式为：新郎穿着衮冕，新娘穿着袆衣。

选择第二级的冕服作为新郎婚服，是因为大裘冕的羊皮材质和不配章纹的特点不适合婚礼上的呈现。而衮冕有章纹的点缀，更能突显尊贵。可能有些新人会有穿着王服的顾忌，而衮冕本应装饰十二章纹以体现天子专属，但由于周代将日月星辰用于旌旗之上，所以衮冕上只有九章，既体现了最高规格，又巧妙地避开了新人着装的忌惮。

而选择袆衣是因为衣上绘有五彩翟形，能尽显华丽。尽管袆衣主色为黑色，但黑色在先秦时期被认为是正色，亦是象征着高贵。周代婚服之颜色在《仪礼》中的记载也多是以黑色为主。

3. 侍者服饰

需要注意的是，在先秦婚礼的执行中，对于侍者或从者或侍礼的着装要求，应该以黑色玄端或宵衣为准，或者直接穿着深衣执礼。

特别说明的是，不管是先秦婚礼还是汉唐婚礼，新婿、司礼、赞者都应戴冠，因为古人把戴冠看成一种重要的礼。《左传·哀公十五年》记述卫国内乱，子路被人砍断了系冠的缨，他说："君子死，冠不免。"于是，停下战斗来"结缨"，被对方杀死了。在当时的贵族社会中，当冠而不冠是"非礼"的。古人不戴冠的只有四种人：小孩、罪犯、异族人和平民。

（三）场布

1. 背景纹饰

先秦时期婚礼的整体风格设计上还是应该把持一种厚重感，这种厚重感体现在背景的设计上，就不能掺入过多的创意理念和现代元素。先秦的纹饰多缘于青铜器上的图案造型，包括兽面纹、龙文、凤鸟纹、动物纹、人物画像、几何形纹。运用在婚礼上，主要以龙纹、凤鸟纹和几何形纹三类为主。

2. 仪式道具

《仪礼》成书于西周或春秋时期，其中《士昏礼》一章，对婚礼中所用器物及其摆放进行了详尽的说明。因此我们根据《仪礼·士昏礼》的记载，对先秦风格婚礼的道具进行了设定，其中包括青铜质地的：鼎、尊、爵、勺、禁、豆、敦、俎、匕、匜、洗等，也包括竹木材质的昏、筐、席等。

第四章　秦汉婚礼文化

（一）秦汉婚仪

《礼记·昏义》："父亲醮子而命之迎，男先于女也。子承命以迎，主人筵几于庙，而拜迎于门外。婿执雁入，揖让升堂，再拜奠雁，盖亲受之于父母也。降出，御妇车，而婿授绥，御轮三周。先俟于门外，妇至，婿揖妇以入。共牢而食，合卺而酳，所以合体、同尊卑，以亲之也。"

父亲在向儿子敬酒并嘱托之后，新郎前往女方家迎亲。女方的父母铺筵设几，门外迎接女婿。新郎执雁进门，宾主揖让登堂。婿行再拜稽首之礼，把雁放在地上，这表示是从新妇父母手里领回了新妇。然后新娘随新郎下堂出门，婿为妇驾车，待车轮转动三圈后，再由仆人代其驾驶。新郎先回家，并在自家大门外等候。妇到达，婿向妇作揖，请她一同进门。进入婿家之寝室，婿与妇共食同一俎中的牲肉，又各执一瓢以饮酒，这表示夫妇一体，不分尊卑。

成婚的第二天，新妇早起拜见舅姑。赞礼的人将新妇引见给舅姑。妇手捧容器，内盛枣子、栗子和肉干，以此作为进见之礼。赞礼的人代表舅姑向妇赐以甜酒。妇先以菜肴祭先人，又以甜酒祭先人。行过以上的礼节，就表示做媳妇的礼完成了。之后新妇服侍舅姑进食，这是表示新妇开始履行孝养的职责。舅姑用一献之礼慰劳妇后，先从西阶下堂，然后妇从东阶下堂，这表示新妇已有资格代姑主持家中内务了。

汉代的《礼记·昏义》其实是在先秦《仪礼·士昏礼》基础上，对婚礼做了进一步规范阐述。由此可见，在秦汉时期的婚礼仪式是和先秦时期基本相同的。《汉书·韩延寿传》："延寿徙为颍川太守，召郡中长老为乡里所信向者数十人，'因与议定嫁娶丧祭仪品，略依古礼，不得过法'"。可见汉代民间丧嫁还是尊之古礼的，其实上层社会施行诸礼也是"略依古礼"的，婚嫁亦如此。

（二）秦汉礼俗

1. 贺婚

先秦婚礼不贺。《礼记·郊特牲》："昏礼不贺，人之序也。"可是西汉中叶之后情况不同了。《汉书·宣帝纪》五凤二年八月诏书说："夫婚姻之礼，人伦之大者也。酒食之会，所以行礼乐也。今郡国二千石或擅为苛禁，禁民嫁娶不得具酒食相贺召，由是废乡党之礼，令民亡所乐，非所以导民也。《诗》不云乎：'民之失德，乾餱以愆。'勿行苛政！"

宣帝之前，汉武帝时期上层社会就已经有贺婚的事。但是由皇帝颁诏，让全社会通行贺婚之礼，则从汉宣帝刘询开始，由此产生中国古代婚制的一大改革，冷静幽静的婚礼转而为热闹喧哗的婚礼所取代，婚礼成为纯粹的嘉礼了。

随着婚礼奢靡之风的出现，婚礼开始呈现出攀比喧闹的格调。《汉书·地理志》记载："降而至汉，嫁娶者，车骈数里，缇帷竟道，骑奴侍童，夹毂并引；富者竞欲相过，贫者耻其不逮，富者空减，贫者称贷，嫁娶奢靡固不仅赵地为然。"

2. 巾纱遮面

《士昏礼》有载："妇乘以几，姆加景"，景就是防尘的罩衣。主要是由于新娘所乘的车非常简单，"乘墨车，从车二乘，执烛前马。妇车亦如之，有裧。"裧：同"襜"，指车子上的帷布。可见当时的婚车极其简陋，只是围有简单帷幔。所以为了避风防尘，新娘要穿戴能盖到头的罩衣。唐《通典》卷五十九："拜时之妇，礼经不载，自东汉魏晋及于东晋，咸有此事。按其仪，或时属艰虞，岁遇良吉，急于嫁娶，权为此制。以纱縠幪女氏之首，而夫氏发之，因拜舅姑，便成妇道。"所以，自东汉时期开始，新娘出门时就有专用的巾纱蒙头，并且要由新郎揭开。到了明朝已经变成红帕，就是我们现在见到的红布盖头了。当然，在唐代还有一种专门的帷帽可用于遮面。

3. 撒帐

现代中式婚礼的撒帐，是指家中全福人向洞房喜帐新床上抛洒枣、栗子、花生、莲子、桂圆、铜钱等干果喜钱，企盼多子多福之意。其实撒帐在汉代就已出现，《陔余丛考》记载："撒帐实始于汉武帝，李夫人初至，帝迎入帐中，预戒宫人遥撒五色同心花果，帝与夫人以衣裾盛之，云：'多得子多也。'事见《戊辰杂抄》。"可见撒帐最早出现在秦汉时期，用抛撒花果来寓意多子。

4. 闹洞房

汉代也出现闹洞房的习俗。《汉书·地理志》中记载："燕地风俗，宾客相过，以妇侍宿。嫁娶之夕，男女无别，反以为荣。后稍颇止，然终未改。"东汉仲长统《昌言》卷下记载："今嫁娶之会，棰杖以督之戏谑，酒醴以趣之情欲；宣淫泆于广众之中，显阴私于族亲之间，污风诡俗，生淫长奸，莫此之甚。"闹房戏谑太甚有时竟会弄出人命。如《全后汉文》卷三八载："汝南张妙，会杜家娶妇，酒后相戏，缚士捶二十，又悬足趾，士遂至死。"

（三）秦汉服饰

1. 深衣

了解秦汉的服饰必须要先来认识深衣，因为从这一时期开始，深衣成为了对后世影响最为深远的服装制式。

早在商代就已有深衣的形制，而深衣真正出现是在周代。汉代郑玄有对深衣的阐述："深衣者，谓连衣裳而纯之以采也。"唐孔颖达进一步解释："称深衣者，以余服则上衣下裳不相连，此深衣衣裳相连，被体深邃，故谓之深衣。"周代以前的服装是上衣下裳制，那时候衣服不分男女全都做成两截，穿在上身的叫"衣"，穿在下身的称"裳"。深衣是上衣与下裳连成一体的上下连属制长衣，一般为交领右衽、续衽钩边、下摆不开衩，分为曲裾和直裾两种。为了体现传统的"上衣下裳"观念，在裁剪时仍把上衣与下裳分开来裁，然后又缝接成长衣，以表示尊重祖宗的法度。

《礼记·深衣》："可以为文，可以为武，可以摈相，可以治军旅，完且弗费，善衣之次也。"这种既能被社会认可又能用于大部分社会活动的衣装，虽然较冕服大为简便，但它也有一套相应的制度和寓意在其中："古者深衣，盖有制度，以应规、矩、绳、权、衡。短毋见肤，长毋被土。续衽钩边，腰缝半下。袼之高下，可以运肘，袂之长短，反诎之及肘。带下毋厌髀，上毋厌胁，当无骨者。制十有二幅，以应十有二月。袂圜以应规，曲袷如矩以应方，负绳及踝以应直，下齐如权衡以应平。规者行举手以为容，以直其政，方其义也。"由此可以看出，深衣在领袖、襟式、衣身长短以及其他的结构方面都做了详细的规定。深衣之领为方形，是全衣之首，在整件衣服中的位置也是最为重要的。所以，人们将深衣的领子比为"矩"；袖子也称"袂"，在日常生活中人们习惯将衣的领和袖并称，体现出袖子在衣装中的重要程度仅次于领；领袖在衣装中有如此重要的位置，自然会有较高的寓意。由于衣袖为圆形，有圆如规的寓意；领为方形，有方如矩的寓意，二者合为"规矩"。掌握规矩的人当为有权力的统治阶层者。所以，人们希望掌握权力的人要大公无私，勇于奉献。在深衣上衣下裳的背后领下的正中部位，设有一条贯穿衣裳上下如绳的直缝，取其绳直之意；深衣的下摆部位在裁制时一定要做到齐平如权衡，寓有平和之意；古人将规、矩、绳、权、衡称为"五法"，五法俱于深衣之上，是希望穿着深衣者不仅要无私，还要具有为人直率、心气平和的修养。《礼记·深衣》："五法已施，故圣人服之。故规矩取其无私，绳取其直，权衡取其平，故先王贵之。"

深衣的另一个主要特征之一，就是"钩边续衽"。深衣自腰以下裳的部分，是用十二幅布拼合缝制而成，前六幅，后六幅，而前后裳中间的四幅皆为正幅，两边的两幅则是斜裁而成，似直角三角形，这斜裁的部分就是所谓衽。右边的前后衽是分开的，而左边的前后衽是缝合在一起的。钩边，这是指在深衣的右后衽上另用一幅上狭下阔的布，缀于右后内衽，使其钩曲而前，以遮掩裳际。若无钩边，则行步时就会露出后衽之里，故需钩边来遮掩。简单的理解就是将衣襟续接加长，便于进一步围身。

2. 男子服饰

（1）冕服

汉代恢复了被秦始皇废止的传统冕服制度，但在冕服章纹上与周代有所变化，改周代冕服最多用九章为十二章全部用于装饰。《后汉书·舆服志》："天子、三公、九卿、特进侯、侍祠侯，祀天地明堂，皆冠旒冕，衣裳玄上纁下。乘舆备文，日月星辰十二章，三公、诸侯用山龙九章，九卿以下用华虫七章，皆备五采，大佩，赤舄绚履，以承大祭。"

冕服在汉代虽得以恢复，但诸如袆衣之类，曾在先秦普遍流行的女子礼服却未被恢复。即便是皇后、皇太后等高贵女子，也都最多只能穿着深衣制式的服装出席重要礼仪活动。《后汉书·舆服志》："太皇太后、皇太后入庙服，绀上皂下，蚕，青上缥下，皆深衣制，隐领袖缘以绦。"

（2）袍服

汉承秦后，以袍为朝服，袍即深衣制。汉代男子的袍服大致分为曲裾、直裾两种。

曲裾袍，即为战国时期流行的深衣。汉代仍然沿用，但多见于西汉早期，到东汉，男子穿深衣者已经少见，一般多为直裾袍。曲裾袍的样式多为大袖，袖口部分收紧缩小；交领右衽，领子低袒，穿时露出里衣；袍服的下摆常打一排密褶裥，有些还裁成月牙弯曲状。

直裾袍即襜褕，名取其襜襜然有宽裕之貌，为男女通用之服。汉代，无裆的裤子逐渐被有裆的裤子取代以后，曲裾袍那用来遮挡无裆裤的裹缠式长衣襟就显得多余了，于是，形式更为简洁的直裾袍开始替代曲裾袍，成为新的流行。襜褕西汉时出现，东汉时盛行，但最初时不能作为正式礼服，到东汉时才取代曲裾袍成为正式礼服，而且不分贵贱，上至皇帝、下至百官都可以穿用。《后汉书·舆服志》："乘舆所常服，服衣，深衣制，有袍，随五时色……今下至贱更小吏，皆通制袍……为朝服云。"贵族妇女的袍服更加讲究，每遇嫁娶等女子人生大事之际，为使嫁袍美丽光彩，几乎用尽了当时所有的色彩进行装饰。《后汉书·舆服志》记载："公主、贵人、妃以上，嫁娶得服锦、绮、罗、縠、缯，彩十二色重缘袍。"

三梁冠，冠上有三道横脊的进贤冠。汉代为公侯所服。汉代蔡邕《独断》："进贤冠，文官服之。前高七寸，后三寸，长八寸。公侯三梁，卿大夫、尚书、博士两梁，千石、六百石以下一梁。汉制礼无文。"

3. 女子服饰

（1）深衣

汉代贵族妇女的礼服，仍承古仪，以深衣为尚。东汉女子礼服制度规定：每逢重要祭祀，太皇太后、皇太后和皇后都要穿深衣式礼服出席。汉代贵族妇女所穿的深衣制礼服，主要通过色彩、花纹、质地、头饰、佩饰等来表明身份、地位的不同。可以看出，直到东汉妇女的礼服虽有一定的等级区分，但在形式上已比周代逊色了许多。

汉代女子所穿的深衣，衣长及地，行走的时候不会露出鞋子；衣袖有宽窄两式，袖口大多镶边；衣襟绕襟层数在原有基础上有所增加，腰身裹缠得很紧，在衣襟角处缝一根绸带系在腰臀部位，下摆呈喇叭状，能够把女子身体的曲线美很好地凸显出来。衣领是最有特色的地方，使用的是交领，而且领口很低，这样就可以露出里面衣服的领子，最多的时候可穿三层衣，当时人称"三重衣"。

（2）蔽膝

蔽膝是礼服的附件之一，战国以后基本被废弃，但在汉代还偶有出现。《汉书·王莽传》："于是莽稽首再拜，受绿韨衮冕衣裳。"但汉代的妇女所饰蔽膝却似乎并非被用作礼服。刘熙《释名·释衣服》："韨，韠也。韠，蔽膝也，所以蔽前也，妇人蔽膝亦如之。齐人谓之巨巾，田家妇女出至田野覆其头，故因以为名也。"《汉书·王莽传》："母病，公卿列侯遣夫人问候疾，莽妻迎之，衣不曳地，布蔽膝。见之者以为僮使，问知其夫人，皆惊。"显然这些蔽膝与王莽所受蔽膝肯定是两个概念，汉代的妇女使用的蔽膝只是她们为劳作方面的需要所戴的附件。

（3）发饰

垂髾，梳挽时由正中开缝，分发双颞，至颈后集为一股，挽髻之后垂至背部，因酷似人从马上跌落后发髻松散下垂之状，故名之堕马髻。这是当时最具特色，且历史上最富生命力的一种发式。《后汉书·梁冀传》："寿色美而善妖态，作愁眉，啼妆，堕马髻，折腰步，龋齿笑，以为媚惑。"唐李贤汪引《风俗通》："堕马髻，侧在一边。"与之相对应的文物在马王堆和临沂汉墓中均有发现。在各式垂髻的末端往往垂出一缕如燕尾状的发梢，称之为"髾"。司马相如《子虚赋》："垂髾。"唐李善注引司马彪曰："髾，燕尾也。"《汉城书·司马相如传》唐颜师古注引张揖曰："髾，髻后垂也。"

（四）秦汉器物

对于古人来说，嘉仪礼敬之事，必当以礼器为之。而礼器，也随着礼仪制度的完善，成为衡量等级尊贵的标准。青铜器是先秦的主要礼器，其在夏商周三代达到了发展的巅峰，至秦汉时期，漆器工艺不断发展逐渐替代青铜器成为被赋予神圣意义的重要礼器，而青铜礼器逐步退出历史舞台。

漆器是在各类形态和质地的胎上髹（用漆涂在器物上）以生漆起保护和装饰作用的器物。中国是世界上最早使用漆和制作漆器的国家。其实，早在夏、商、西周时期，漆器的制造就已经趋于成熟。而到了春秋战国时期，漆器制造更是高度繁荣，并在汉代达到了漆器发展史上的第一个高峰。

第五章　秦汉婚礼的现代应用

（一）仪式

秦汉时期是礼学发展时期，而作为崇尚《仪礼》的儒家思想更是对当时社会文化趋势和礼学趋势有着深远的影响。秦汉时期婚礼源于周礼，故而现今多称之为周制·汉式婚礼。相比先秦婚礼，除了服饰、道具的变化外，流程似乎并没有太大的变化。因此，我们在执行秦汉婚礼风格的婚礼时，还是应该尊崇经文典籍的传统礼学文化。

周制·汉式婚礼（秦汉婚礼风格）执行操作参考思路：

1. 人员安排

（1）司礼：主持人，1人。

（2）赞者：配合新郎新娘行共牢合卺礼的主执礼者，1人。

（3）侍者：可多人，配合新郎新娘入场、入席、沃盥、设馔等环节。

（4）新人：新婿新妇。

2. 婚前礼

复原婚前礼的五礼，即纳采、问名、纳吉、纳征、请期。可以现场呈现，也可以提前拍摄，让新郎新娘及双方父母共同参与。

3. 正婚礼

（1）入礼：新夫以父母醮戒方式出场，之后迎接新妇。新妇也以父母醮戒方式出场，新夫亲迎新妇登台。也可新夫和新妇共同入场。

（2）沃盥：侍者为新夫新妇奉匜沃盥。

（3）设席：由侍者为新夫新妇现场铺设筵席。

（4）设馔：侍者捧豆、俎入，分设新夫新妇席前。

（5）对席：新夫新妇分坐入席。

（6）共牢：赞者或侍者分别为新夫新妇夹送牢肉，新夫新妇食之，可行三牢之礼。

（7）酳酢：赞者或侍者分别为新夫新妇注酒，新夫新妇以爵酳酒两次。

（8）合卺：第三次酳酒用卺。

（9）解缨：新夫为新妇解缨。

4. 婚后礼

为了秦汉婚礼的连贯性和完整性，可以请新妇拜见舅姑（新郎之父母）送上枣栗腶脩。舅姑送上酒水以做感谢。

当然，这是按照最传统的古礼方式行婚后礼，也可以在新夫新妇换装后直接为双方父母敬茶。

（二）服饰

秦朝建立之初废弃了冕服，而汉代又恢复了周代的冕服制度，并将冕冠冕服作为重要的礼服。所不同的是，周代皇后及命妇所穿的袆衣等礼服并未被恢复，取而代之的是相对简单的深衣作为妇女的标准礼服。

1. 新郎着衮冕，新娘着深衣（重缘袍）

按照《后汉书·舆服志》记载："天子、三公、九卿、特进侯、侍祠侯，祀天地明堂，皆冠旒冕，衣裳玄上纁下。乘舆备文，日月星辰十二章，三公、诸侯用山龙九章，九卿以下用华虫七章，皆备五采，大佩，赤舄绚履，以承大祭。"新郎衮冕上衣为黑色，下裳浅红色。带大佩，穿红色鞋。

《后汉书·舆服志》："公主、贵人、妃以上，嫁娶得服锦、绮、罗、縠、缯，彩十二色重缘袍。"可见，新娘可以穿深衣制的袍服。袍服在领、袖等部位，一般都缀有花边。花边的色彩及纹样较衣服为素，常见的有菱纹、方格纹等。袍服的领子则以袒领为主，一般多裁成鸡心式，穿时露出里衣。

2. 新郎着袍服，新娘着深衣

新郎着直裾袍服，戴三梁进贤冠，整体能体现出有宽裕之貌。而新娘承袭古仪，以深衣为尚。

（三）场布

1. 背景纹饰

秦汉时期的很多壁画之中都出现了屏风，可见当时屏风在日常生活中的使用已经非常普遍。因此，在秦汉婚礼的执行中，我们既可以中规中矩的把汉代纹饰元素融入主背景的设计之中，也可以在仪式台上设计制作更具有汉代特点的坐席屏风，即漆邸。按照马王堆汉墓出土的屏风为例，长5尺（折合现在1.2米左右），高3尺（折合现在0.7米左右），这一尺寸很适合分别斜放在新郎新娘身后，不仅不会遮挡住主背景和舞台造型，还能体现出汉礼的一份儒雅氛围。当然，也可以在几案与背景间设置一屏漆邸，这样当侍礼桌案后跌坐时，与身后的屏风相融合，更加能够把秦汉时期的文化感体现得淋漓尽致。

2. 仪式道具

汉代的文献资料中没有明确对婚礼用具进行阐释，但秦汉时期所尊崇的婚礼仪制仍然沿袭的是先秦的《仪礼》一书。由此我们可以做出推断，两个时期礼制相同，礼器自当相通，只是把青铜礼器换为漆礼器。然而，据目前出土的漆器来看，秦汉的漆礼器名目并不像先秦时期那样繁杂。因此，我们只需结合《仪礼》中的仪式流程需要，为秦汉婚礼匹配相应的漆器即可。而在器具的选择上，为了保证时间上的统一和严谨，我们最终全部按照马王堆出土漆器进行挑选匹配。

第六章　唐代婚礼文化

（一）唐代婚仪

关于唐代婚礼的礼仪形式，在《开元礼》《通典》《新书》以及《唐会要》，还有近代发现的敦煌文献中都有详尽的记载，甚至对于不同阶层的婚礼仪式都有阐述。

1.《开元礼纂类》记载

皇帝大婚也行纳采、问名、纳吉、纳征、请期等仪节，所不同的是皇帝并不亲迎，而是命使奉迎。其实《通典》《新书·礼乐志八》等典籍也都对大唐皇帝纳后仪式有记录，其礼仪与《仪礼·士昏礼》多有相通之处，摘要如下：

（1）《士昏礼》有使者代男家行婚前五礼，而大唐天子纳后会遣太尉为使，级别更高。

（2）大唐皇帝纳后礼仪中，会有鼓吹乐队，鼓乐齐奏。

（3）大唐天子纳妃后亦行纳采、问名、纳吉、纳征、请期之仪，亦用雁，诸仪形式与《士昏礼》相类。唯独天子不亲迎，而是遣使者迎接。

（4）唐代皇帝纳后妃也行同牢之仪，与《士昏礼》："媵馂主人之馀，御馂妇馀"的形式相同，大唐皇后从者馂皇帝之馔，皇帝侍者馂皇后之馔。

（5）同牢之后有皇后表谢、朝皇太后、受群臣贺、皇帝会群臣、外命妇朝会、群臣上礼、皇后庙见诸仪，与《士昏礼》的见舅姑、庙见之仪相应。

《通典》《开元礼》等典籍记载也对太子纳妃和亲王纳妃，甚至一品以下至庶人娶妻礼仪形制都做了记载。

2.《婚事程式》记载

在众多古籍中，敦煌中的文献资料为研究唐代中下层社会婚礼提供了颇为丰富的材料。按其中《婚事程式》的记载，唐代普通百姓婚礼仪式概略如下：

（1）男方修通婚函书，遣使者送函书，同时送给女家相当的礼物，如束帛、羊、钱币等。女家受函，答婚书。相当于《仪礼·士昏礼》所言的纳采、问名、纳吉、纳征与请期五礼。

（2）成婚吉日确定之后，男女双方都要"谨荐少牢之奠"，昭告于祖考之灵，表明不敢自专，然后进入成婚之夜。

（3）男子亲迎至女家，有奠雁设帐、催妆诸仪。

（4）迎亲归途有障车之事，是一种祝愿邀赏的方式。

（5）同牢合卺，去扇除花，熄烛成礼。

（6）婚礼成后男女双方家长互致祝贺。

（二）唐代礼俗

段成式的一本《酉阳杂俎》，便可知晓唐代诸多婚俗。

1. 纳采九事

《酉阳杂俎·礼异》："婚礼，纳彩有合欢、嘉禾、阿胶、九子蒲、朱苇、双石、绵絮、长命缕、干漆九事，皆有词：胶、漆取其固；绵絮取其调柔；蒲、苇为心，可屈可伸也；嘉禾，分福也；双石，义在两固也。"可见，唐代纳采所取之物，都是各有寓意的。

2. 行礼于晓

古时婚礼，以昏时成礼。但唐朝举行婚礼的时间似乎正在发生着改变，行礼在天刚亮时。《酉阳杂俎·贬误》："《礼》，婚礼必用昏，以其阳往而阴来也。今行礼于晓祭，质明行事。"可见在当时亲迎的时间已经有了改变。

3. 青庐

《酉阳杂俎·贬误》载："又今士大夫家昏礼露施帐，谓之入帐，新妇乘鞍，悉北朝余风也。《聘北道记》云：北方婚礼必用青布幔为屋，谓之青庐。于此交拜，迎新妇。"青庐是举行婚礼的场所，也被唐人称作"百子帐"。

4. 催妆

《酉阳杂俎·礼异》:"迎妇,夫家领百余人或十数人,随其奢俭挟车,俱呼'新妇子催出来',至新妇登车乃止。"这就是今天所说的催妆礼。

5. 弄婿

现代婚礼中,在新郎迎娶新娘的过程中,会有捉弄新郎的习俗。其实在古已有之。《酉阳杂俎·礼异》:"婿拜阁日,妇家亲宾妇女毕集,各以杖打聟为戏乐,至有大委顿者。"聟,《说文》云即婿字。更有甚者:"律有甲娶,乙丙共戏甲。旁有柜,比之为狱,举置柜中,覆之。甲因气绝,论当鬼薪。"恶搞之人会把新郎封入柜中嬉闹至新郎气绝。看来捉弄新郎的习俗是由来已久了。

6. 盖头

《酉阳杂俎·礼异》:"女将上车,以蔽膝覆面。"蔽膝覆面如同后世的红盖头。盖头在先秦时期是作为防尘用的"景",东汉时期是巾纱,唐代是蔽膝或帷帽,到了之后的明代变之为盖头。

自唐代以来盖头更加流行。据高承《事物纪原三》载:"盖头,唐初宫人著幂䍦,虽发自戎夷,而全身障蔽,王公之家亦用之。永徽之后,用帷帽。后又戴皂罗,方五尺,亦谓之幞头,今日盖头。"这就是说,盖头发展分为三个阶段。

一为幂䍦。䍦是一种头巾,又叫"接䍦",《晋书·山简传》云:"简每出嬉游,多之池上,置酒辄醉……有儿童歌曰:'山公出何许?往至高阳池。日夕倒载归,酩酊无所知,时时能骑马,倒著白接䍦。"这种白色的"接䍦"既能"倒著",想必很长,原戴在头上,现在居然垫马背"倒载归",自然引为笑谈,可见《事物纪原》说"幂䍦"长到"全身障蔽"的地步。原来在晋代即如此。但此时尚与婚姻无关。

二为幛帽。从幛子而来,幛子是用整幅的绸缎做成。如喜幛。"幛帽"是像阿拉伯人戴的那种帽子连着披肩式的遮面帽,但比幂䍦短一些,不是障蔽全身而是上半身,所以说"方五尺"。这时正当唐高宗永徽之年,公元7世纪中叶。

三为盖头。大约到宋代才正式用作结婚时盖的头巾。所以宋吴自牧《梦粱录》说:"(两新人)并立堂前,遂请男家双全女亲,以用秤或机杼挑盖头,方露花容。"挑盖头还讲究用"秤"和"机杼",大约是象征操持家务,和热爱针机之意。到了清代已经简化了礼仪,不用秤和机杼,新郎贾宝玉也可以用手直接揭新娘的盖头了。

7. 辟邪

《酉阳杂俎·礼异》:"当迎妇,以粟三升填臼,席一枚以覆井,枲三斤以塞窗,箭三只置户上。"是不是想到当今婚礼中,用红纸盖覆井盖的习俗呢,看来这些都是从唐代开始盛兴的礼俗。

8. 障车

在唐朝更是出现了拦截婚车的记载,《唐书·韦挺传·韦宙传》及《唐会要》卷八十三《嫁娶》都有载:唐,睿宗时,唐绍上疏,称:"往者下里庸鄙,时有障车,邀其酒食,以为戏乐。近日此风转盛,上及王公,乃广奏音乐,多集徒侣,遮拥道路,留滞淹时,邀致财物,动愈万计。"

9. 夫妻併拜

《礼经》之中并无夫妇交拜之礼,但在唐代开始出现併拜,其实就是夫妻互为行礼。《酉阳杂俎·礼异》:"娶妇,夫妇并拜或共结镜纽。"

10. 撒帐

早在秦汉时期就有撒帐之说,唐代皇族为公主下嫁更是专门铸有撒帐钱。洪迈《泉志》卷一五云:"景龙中,中宗出降睿宗女荆山公主,特铸此钱,用以撒帐,敕近臣及修文馆学士拾钱。其银钱则散贮绢中,金钱每十文即系一彩绦,学士皆作却扇(诗)。"

11. 同牢合卺

《礼记·昏义》曰:"妇至,婿揖妇以入,共牢而食。合卺而酳,所以合体,同尊卑,以亲之也。"中国传统婚礼中,同牢合卺可谓是仪式的核心。与《仪礼·士昏礼》中三牢两爵一卺的方式不同的是,唐代三酳都用卺。敦煌石窟文献里的《婚事程式》对此礼有详尽描写:"帐中夫妻左右坐。主馈设同牢盘,夫妻各饭三口,候相夹侍者饲之，则酌合卺杯。杯以小瓢作两斤（片），安置拓（托）子里，如无，即以小金银东西盏子充，以五色锦系足连之。令童子对坐，云："一盏奉上女婿，一盏奉上新妇。"如女婿饮酒，女家人制之，三酌三制。"

12. 合髻

其实最早的合髻说的是解缨之礼。《酉阳杂俎·贬误》："至于奠雁曰鹅，税缨曰合髻，见烛举乐，铺母卺童，其礼太紊，杂求诸野。"税缨即《仪礼·士昏礼》中的说缨（脱缨，解缨）。女子许嫁后著以缨饰，表示已有所系属，新郎婚礼当日亲手解脱其缨饰，表示此缨是为自己而系的。按照段成式所说，当时的解缨被叫作合髻。看来后来在唐宋兴盛的结发相合的合髻礼应该是解缨的一种演变。

13. 去花却扇

据《婚事程式》所载，合卺之后还有去花却扇："则女婿起，侧近脱礼衣冠，情（清）剑履等，具襕笏入。男东坐，女西坐。女以扇遮面。傧相帐前咏除花、去扇诗三五首。去扇讫，女婿即以笏约女花叙于傧相，夹侍俱出。去烛礼成。"

据《开元礼》记载："三品以上结婚，新娘服花钗翟衣；六品以下结婚，新娘穿花钗大袖之服。"《唐六典·礼部》则明确庶人嫁女可服花钗礼衣。可见不论贫富，花钗是不可少的。《婚事程式》所提"约女花"，就是卸去花钗之意，即去花。

却扇，就是用诗文催促让新娘去除掩面之扇。

（三）唐代服饰

1. 男子服饰

唐代重视礼服，在承袭隋制冕服的基础上加以完善，制定出了君臣不同等级规格的冕服制度。如周代天子冕服分类一样，唐代帝王冕服也包括大裘冕、衮冕、鷩冕、毳冕、希冕、玄冕六类。但唐高宗提出"诸祭皆用衮冕"，因此从唐朝初期开始，天子六种冕服中只保留了衮冕，其他五种冕服在实际礼仪活动中已不再使用。除了冕服外，男子在其他场合的服装还有公服和燕服，都是在民族融合的背景下创制的服装新形式。

（1）公服

公服是次于朝服的公事礼服。《新唐书·车服志》记载："从省服，五品以上公事、朔望朝谒、见东宫之服也，亦曰公服。冠帻缨，簪导，绛纱单衣，白裙襦，革带钩䚢，假带，方心，袜履，纷，鞶囊，双佩，乌皮履。六品以下去纷、鞶囊，双佩。"

（2）圆领袍衫

圆领袍衫，又称团领袍衫，属上衣下裳连属的深衣制，一般为圆领、右衽，领、袖及衣襟处有缘边，前后衣襟下缘各接横襕，以示下裳之意。穿圆领袍衫时，头戴幞头，足蹬长靿（靴或袜子的筒）皂革靴，腰束革带，这套服式一直延至宋明时期。

2. 女子服饰

（1）袆衣

袆衣是皇后的大礼服。深青色衣上画有赤质五色的翟文，内衬中单、黼领、衣缘镶朱边、蔽膝、大带、佩绶、青袜金饰舄。是与皇帝衮冕相配合的大礼活动的礼服。

（2）花钗翟衣

钿钗礼衣是命妇礼会之服。和翟衣相似，加双佩、小绶，穿履。按品级在头上加装饰的钿钗。第一品，花钗九树，翟九等；二品，花钗八树，翟八等；三品，花钗七树，翟七等；四品，花钗六树，翟六等；五品，花钗五树，翟五等。（《唐六典》）

（3）花钗礼衣

花钗礼衣是六品以下妻，九品以上女的嫁服。大袖连裳为青色，有素纱中单、蔽膝、大带、革带、袜、花钗，覆笄，两博鬓等，履和裳同色。

一般平民家里嫁女，新娘也可以穿大袖连裳，戴花钗，以金银琉璃等材质作为发饰。连裳是青色，青衣，革带，袜、履同裳色。

（4）襦裙

唐代妇女的基本服饰以襦衫、长裙搭配，再辅以半臂、帔帛及带饰等为主要特征。妇女襦衫的特点之一是领式变化多样，比较常见的有方领、圆领、直领、斜领等。初唐时，在宫中渐渐流行起低领露胸的服饰风尚，其形式为上身穿方领或圆领襦衫，衣领开得较大，下着长裙，裙腰提得很靠上，很多人都提高到胸乳部位。有的外着半臂或披帛。初时，双乳袒露不多，到盛唐以后袒乳风盛，不但宫中如此，民间也纷纷仿效。

（4）发饰

唐代女子发式多变，常见的有半翻、盘桓、惊鹄、抛家、椎、螺等近三十种，上面遍插金钗玉饰、鲜花和酷似真花的绢花，这些除在唐仕女画中得以见到以外，实物则有金银首饰和绢花。

（5）面靥

唐代妇女好面妆，奇特华贵，变幻无穷，唐以前和唐以后均未出现过如此盛况。如面部施粉，唇涂胭脂，并在额头涂黄色月牙状饰面。同时还有各式眉饰，如鸳鸯、小山、三峰、垂珠、月稜、分梢、涵烟、拂云、倒晕、五岳。眉宇之间，以金、银、羽翠制成的彩花子"花钿"是面妆中必不可少的。

3. 红男绿女的唐代婚服组合

《唐六典》："凡冕服及爵弁服，助祭、亲迎则服之……若执事官三品以上有公爵者，嫡子婚，听假冕；五品以上孙、九品以上子及五等爵婚，皆假以爵弁服；庶人婚，假以绛公服……凡外命妇之服，若花钗翟衣，外命妇受册、从蚕、朝会、婚嫁则服之……凡婚嫁花钗礼衣，六品以下妻及女嫁则服之；其次花钗礼衣，庶人女嫁则服之。"由此可知，在唐朝男女婚服是有等级匹配的，如皇帝衮冕和皇后袆衣、王公大员的冕服和花钗翟衣、爵弁服与花钗礼衣、绛公服与花钗礼衣，以及在敦煌壁画中发现的圆领袍衫与花钗礼衣的婚服匹配组合。

（四）唐代器物

汉代瓷器的出现逐渐开始改变了中国古代使用器具的材质，青铜器、漆器这些较为贵重的器物慢慢地退出了历史舞台，而原料充裕、工艺简单、产量巨大、成本较低的瓷器一经问世便受到人们的喜爱，并被广泛使用。

唐代，烧制工艺的成熟使得青瓷和白瓷成为了唐代高品质瓷器的代表。从地域上看，南方地区以烧造青瓷为主，特别是越窑入唐后继续发展，烧造出了许多青翠欲滴的青瓷产品，与北方地区的邢窑白瓷共同将唐代瓷器推向了顶峰，形成了"南青北白"的瓷器格局。

《通雅》记载："倚卓（椅桌）之名见于唐宋。"唐代更流行桌椅等高家具，高型家具在装饰上也有所变化，在许多唐画上都有所反映。

四足方凳来自印度，随佛教传入中国，在唐代演化出多种多样的形式，有方凳、长凳、月牙凳等。唐代著名画家张萱、周昉描绘宫廷仕女的绘画作品中就表现出这些当时流行的凳子，造型丰富，精美华丽。

坐墩也是唐代很流行的坐具，唐代妇女的坐墩多为腰鼓式，又称为"基台"或"荃蹄"。这种坐具供宫廷贵妇使用，上面覆盖华丽的锦缎，故又称"绣墩"。

唐代的屏风是室内分隔空间和陈设用的重要家具，应用非常广泛。除了继承汉代的直立板屏外，唐代曲屏出现得更多。所谓曲屏，就是多扇连接在一起的屏风，有六扇的、八扇的，接扇处用丝纽或用金属连接，可以折叠。

第七章　唐代婚礼的现代应用

（一）仪式

传统婚礼的现代策划执行中，唐代婚礼是最能做出丰富内容和极致场景的主题形式。不仅因为唐朝在第一次民族大融合后，融入了太多异族文化和风俗习惯，这使得唐代婚礼环节更加多彩多样。同时，思想的解放和少数民族服饰的传入，让女子服装更加美丽，而运用到复古的唐代婚礼中，可以更加彰显新人的气质和华美。因此，我们可以在唐代婚礼的策划中加入更多创意的内容。

唐代风格婚礼执行操作参考思路：

1. 人员安排

（1）司礼：主持人，1人。

（2）侍礼：配合新郎新娘行共牢合卺礼的主执礼者，1—2人。

（3）侍女：可多人，配合新郎新娘入场、入席、沃盥、设馔等环节。

（4）新人：新婚新妇。

2. 仪式流程

（1）新婿入礼，并恭迎新妇。

（2）新婿行催妆礼。

（3）新妇入礼。

（4）却扇：新婿行礼，新妇落扇。

（5）沃盥：侍礼或侍女为新婚新妇奉匜沃盥。

（6）设席：由侍礼或侍女为新婚新妇现场铺设筵席。

（7）对席：新婚新妇分坐入席。

（8）共牢：侍礼分别为新婚新妇夹送牢肉，新婚新妇食之，可行三牢之礼。

（9）酌酯：侍礼分别为新婚新妇注酒，新婚新妇以杯酯酒两次。

（10）合卺：第三次酯酒用卺，可行交盏。

（11）青庐对拜：新婚新妇对拜。

（12）解缨：新婚为新妇解缨。

（13）合髻：彼此从对方发髻上取一束头发相合，并放入锦囊中。

（14）执手。

（二）服饰

1. 新郎着衮冕，新娘着袆衣

新郎穿着衮冕更能彰显华贵的皇家风范。头戴垂有白珠十二旒的冕冠，身穿黑色上衣，红色下裳，身上饰有代表至尊的十二章纹，内衬白色里衣，衣领、袖边、裳边都有华丽的花纹，腰间是革带、大带，翘头的鞋履镶嵌有金边。

新娘穿着皇后袆衣，绘有五色翟鸟纹饰的深青色礼仪，衣袖裳缘镶红边，也配蔽膝。

2. 新郎着衮冕，新娘着花钗翟衣

仅次于皇帝皇后的搭配模式。新郎同样着衮冕，所不同的是冕冠垂青珠九旒，衣裳上只有九章。而新娘穿一品九翟九钿树的钿钗礼衣。

3. 新郎着绛公服，新娘着花钗礼衣

新郎穿绛公服，带三梁进贤冠，内衬白裙襦。新娘穿大袖连裳的花钗礼衣，钗以金、银涂，琉璃等饰。连裳青质。

4. 新郎着圆领袍衫，新娘着花钗礼衣

在敦煌壁画中有一幅婚礼场景的画作，其中新郎所穿为圆领袍衫，戴幞头。而新娘穿着大袖连裳。

（三）场布

1. 背景纹饰

通过诸多唐代诗词对屏风的描写，我们可以探知，唐代屏风的使用应该是非常广泛的，同时在屏风的设计上也已达到极高的艺术水平。因此，在策划唐代婚礼的时候，除了喷绘背景、LED背景的选择外，我们还可以将精美的屏风作为舞台背景。

唐代图饰无论在题材上还是在创作方法上都表现出前所未有的丰富性，图案造型饱满，富有动感，追求对称和圆满的美感，色彩绚烂华丽。图案在题材上以花卉植物为主，动物常常被穿插于花卉植物中，以理想化的组合创造出美好的意境。

背景设计上可以使用莲花和牡丹造型。莲花是具有佛教含义的植物纹样，自魏晋起就广泛应用，发展到隋唐，莲花造型更加丰富优美，有正面、侧面，单层、多层，花头、缠枝等多种形式，风格庄严华丽。牡丹象征富贵、昌盛，唐代牡丹造型圆而肥，有时单独使用，有时也作为构成要素与其他花卉组合成团花、宝相花。

2. 仪式道具

在唐代婚礼的道具选择上，白瓷和青瓷都可以作为仪式器皿。但需要注意的是，尽管我们现在选用的白瓷质地都很晶莹剔透，但在现代人对婚礼色彩的普遍认知上，白色还是属于边缘颜色，在使用前一定要征得新郎新娘及家人的意见。

第八章 宋代婚礼文化

（一）宋代婚仪

婚礼，不管是汉唐还是先秦，其仪式都大体在遵循着《礼经》所制定的规程。而宋代因特殊的政治环境和文化环境的影响，使得宋代婚仪和先前有所区别，即便南北两宋的婚礼形制都不尽相同，尽管南宋大儒朱熹著《家礼》以正古礼法度，但细看《朱子语类》不难发现，其实他还有过"古礼不可全用"的言论。毕竟时代在发展，社会在变革，恪守古礼当然天经地义，但与时俱进更是文化发展的前提。

1. 皇帝婚礼

《宋史·志卷六十四》记载皇帝大婚程序：

"三月，礼部、太常寺上纳后仪注"，主要流程有：

（1）发六礼制书。

（2）命使纳采、问名。

（3）命使纳吉、纳成、告期。

（4）奉迎皇后。皇后受父母训戒之后升舆，遣使亲迎；至殿门，百官接迎；皇后入门，鸣钟鼓，班迎官退。

（5）晡后（昏时），皇帝御驾至，有司引皇后出次，立于殿庭之东，面向西，有司"请皇帝降坐礼迎"。

（6）帝后皆坐，三饭三饮用卺。

（7）帝后入幄。

（8）次日，以礼朝见太皇太后、皇太后，参皇太妃，如宫中之仪。

2. 公主婚礼

《宋史·礼志》皇帝嫁女，"公主下降"流程如下：

（1）尚主者拜为驸马都尉，赐玉带袭衣、银鞍勒马、采罗，谓之系。又赐办财银。

（2）赐甲第。

（3）出降日，太史局择日告庙。

（4）出降日，婿父醮子，命之曰："往迎肃雍，以昭惠宗祐。"子再拜，曰："祇率严命！"又再拜，出乘马，至约定之所下马，就次。

（5）出降日，皇后或婉仪帅宫闱掌事者送至第外。

（6）有司陈帝姬卤簿、仪仗于内东门外，掌事者执雁，内谒者奉雁以进，公主升厌翟车，婿再拜，先回府第。

（7）婿至本第，下马以俟。公主至，赞者引婿揖之以入，及寝门又揖，入室盥洗。掌事者布对位。行同牢合卺之礼。

（8）翌日夙兴见舅姑。帝姬以枣栗奉至舅位前，退复位，又再拜；以腶脩奉置姑位前，退复位，又再拜。

（9）共牢。

（10）醴妇、盥馈、飨妇如仪。

可见宋代皇家婚仪，从采择到行六礼，到同牢合卺，次日拜舅姑，与先秦礼书所记载的大体一致。

3. 北宋民间婚礼

再来看看大众婚礼的模式，司马光《书仪》说的是北宋中下层社会的婚礼仪程。司马氏《书仪》礼制时间上与《仪礼》也有不同之处，这里不做过多赘述。仅以婚前礼和正婚礼（亲迎）来看，北宋民间婚礼流程包括：

（1）通书议婚。

（2）纳采。

（3）问名。

（4）纳吉。

（5）纳币。

（6）请期。

（7）亲迎，包括双方父母的醮戒。

（8）拜先灵。

（9）沃盥。

（10）婿妇交拜。

（11）同牢。

（12）酌酳。

（13）合卺。

（14）妇见舅姑。

司马光之后，程颐作《婚礼》一篇，就纳采、问名、纳吉、纳征、请期、成婚（亲迎）诸仪逐一做了解释。特别是在成婚一节中，有了类似挑盖头的环节，简略援引如下：

妇至，主人（婿也）揖妇以入。及寝门，揖入，婿退就次。及期，（期谓早暮之节），赞者引婿入，立东席，西面。姆侍奉妇立西席，东面。赞揖婿再拜（男下女也），姆侍扶妇答拜，遂即席……婿搢笏举妇蒙首（盖头也），复位。赞者进酳，三爵，用卺……夙兴，妇缅笄衣服以俟见。质明，赞见妇于舅姑……妇盥，馈。舅姑飨妇于堂之西偏。卒食，妇降自阼阶。翌日，婿拜于妇氏之门。

由此可见，北宋挑盖头（蒙首）的方式是用笏板。

4. 南宋民间婚礼

而朱熹的《家礼》所说为南宋时期的婚礼礼节。

（1）议婚。

（2）纳采。

（3）纳币。

（4）亲迎，包括双方父母的醮戒。

（5）婿妇交拜。

（6）祭酒举肴。

（7）酌酳。

（8）合卺。

（9）妇见舅姑。

朱熹所定之《婚仪》，将古之六礼简化为纳采、纳币、亲迎，成婚礼节中的同牢之礼也被去除，改为婿妇祭酒并举肴一次，之后酯酯一杯不举肴，三杯用莝。此外，婚仪中并未见到程颐所载之婿揭笋举妇蒙首，看来挑盖头的环节虽在宋代已有，但并未成为婚礼标准环节。

（二）宋代礼俗

除了司马氏《书仪》、程颐的《婚礼》和朱熹《家礼》这些礼学著作之外，宋代还有很多诸如《东京梦华录》《太平广记》《梦梁录》《事林广记》之典籍，记载当时地理风物的文献典籍，对于今人探索宋代人文风俗习惯有着直接的帮助。这些书籍，都对当时宋人的婚仪礼俗做了详细的记载，而这些文字所呈现的，也正是千年前人们的婚礼画面。通过《东京梦华录·娶妇》一篇，可以了解宋代的诸多婚礼习俗。

1. 起帖子

民间婚娶之礼，先要以草帖子相通告，用以问卜合八字，如无相冲相克，就起细帖子。细帖子也叫定帖，如同六礼中的问名。

2. 下定

送聘礼，相当于六礼中的纳征。

3. 下财礼

是相当隆重的过程，至此婚姻即告成功。

4. 报成结日子

男家选定迎娶吉日良辰，报知女家，相当于六礼中的请期。

5. 过大礼

男女两家互送新娘新郎婚礼服饰用具。

6. 铺房

女家备办新房中的家具器物，在亲迎前送至男家，并布置妥当。

7. 催妆

所谓催妆，催促新娘，理妆登车轿，或行于亲迎前，或亲迎之时。催妆习俗，并非起于宋代，在唐代就有所谓的催妆诗。

8. 起檐子

亲迎之日，作乐催妆上车或花轿后，从人索要利市钱红才肯行。

9. 拦门

车轿抵达门前，时辰将至，乐官茶酒等人，互念诗词拦门，求利市钱红。

10. 撒谷豆

当车轿抵达，新娘出车轿门时，有人手执装有米豆钱果的米斗，望门而撒，以压青羊等煞神。

11. 脚不踏地

新人下车轿，脚不能踩地，要走在青布条或毡席上，也是为了辟邪。

12. 跨鞍

南北朝时期有新人乘马鞍的习俗，至宋朝，新娘进门要先跨马鞍，而后才能登堂入室。

13. 坐虚帐或坐富贵

新人入门，室内悬帐，如北朝的青庐，新人坐帐内，谓之坐虚帐。或新人入房中，坐于床上，称为坐富贵。

14. 花胜簇面

花胜本是古代妇女所戴的花形首饰。宋代婚礼中新郎戴花胜，不但是衣冠饰物，也是新郎遮蔽之物，书仪云："世俗新婚盛戴花胜，拥蔽其首，殊失丈夫之容体，必不得已，且随俗？戴花一两枝，胜一两枚可也。"

15. 利市缴门红

成婚之日，在新房门楣上挂彩缎，有喜气之感。

16. 牵巾

宋代牵巾之俗，由西晋武帝选妃故事演变而来：晋武帝选女子有姿色者，以绯彩系其一，大将军胡奋女，不伏系臂，后定亲之家，亦有系臂，续古事也。系臂之举，演变为彩缎同心结。宋代民间婚礼，新人相牵而出，以象征夫妇的结合，所以叫牵巾。

17. 撒帐

撒帐和撒谷豆不同，撒谷豆是花轿初抵男家府门之际进行，其目的是避三煞。而撒帐是在新娘进入新房之时，朝向床铺撒去，故谓之撒帐，其目的祝福多生贵子。此礼俗起于汉代，《陔余丛考》卷三一撒帐："撒帐实始于汉武帝，李夫人初至，帝迎入帐中，预戒宫人遥撒五色同心花果，帝与夫人以衣裾盛之，云：'多得子多也。'事见《戊辰杂抄》。"可见撒帐最早出现在秦汉时期。

18. 合髻

合髻就是结发之俗，为唐宋民间婚俗。但一直以来，合髻礼（结发礼）始终被经礼学家予以否定。程颐云："昏礼结发无义，欲去久矣，不能言。结发为夫妇者，只是指其少小也。如言结发事君，李广言结发事匈奴，只言初上头时也，岂谓合髻乎？"子厚云："绝非礼义，便当去之。古人凡礼，讲修已定，家家行之，皆得如此。今无定制，每家各定此所谓家殊俗也。至如朝廷之礼，皆不中节。"司马氏云："古诗云，结发为夫妇，言自稚齿始，结发以来即为夫妇。犹李广云广结发与匈奴战也，今世俗有结发之仪，此尤可笑。"朱熹云："今世俗昏姻乃有结发礼，谬误可笑，勿用可也。"

19. 交杯酒

交杯酒就是古之合卺礼俗。《礼记·昏义》云："妇至，婿揖妇以入，共牢而食，合卺而酳，所以合体，同尊卑以亲之也。"但在宋代民间认为合卺礼过于繁缛，应为士大夫以上为之，民间只做交盏。《东京梦华录》提到："用两盏以采结连之，互饮一盏，谓之交杯酒，掷盏并花冠子于床下，以盏一仰一合，俗云大吉，则众喜贺。"《梦梁录》所述大同小异："命伎女执双杯，以红绿同心结绾盏底，行交卺礼毕，以盏一仰一覆，安于床下，取大吉利意。"根据宋代的记载可见，饮交杯酒是在"撒帐"以后举行，即用两杯酒以彩绸连结起来，然后新郎新娘交换酒杯饮酒，叫吃"交杯酒"，饮酒后把酒杯一仰一合放床下取吉利意。这种婚俗也是十分古老的。

20. 婿妇交拜

司马光《书仪》云："古者妇人与丈夫为礼则侠拜，乡里旧俗男女相拜，女子先一拜，男子拜女一拜，女子又一拜，盖由男子以再拜为礼，女子以四拜为礼故也。古无婿妇交拜之仪，今世俗始相见交拜，拜致恭亦事理之宜，不可废也。"

21. 拜堂

司马氏《书仪》已有新妇入门拜先灵的记载，而在宋代其他和婚礼有关的文献中，基本还都沿用先秦的次日妇拜舅姑的礼节。

（三）宋代服饰

1. 男子服饰

（1）帝王冠服

衮冕是宋代皇帝主要的大礼服，和前朝不同的是，宋代衮冕在冕冠尺寸、垂旒装饰、延板的装饰等方面都与古制有很大的出入。通天冠服，是仅次于衮服的帝王礼服。

（2）朝服

朝服，宋代朝服沿用唐代的称呼，称为具服，用于重大典礼、朝会等场合。朝服由绯色罗袍裙、衬以白花罗中单，束以大带，再以革带系绯罗蔽膝，方心曲领，白绫袜黑皮履。六品以上官员挂玉剑、玉佩。另在腰旁挂锦绶，用不同的花纹作官品的区别。着朝服时戴进贤冠、貂蝉冠或獬豸冠。冠梁的等级被细化，依次规定的朝冠冠梁为七梁、六梁、五梁、四梁、三梁、二梁等六种，并在冠后簪白笔。手执笏板。

（3）公服

公服也叫作从省服，唐代的公服与常服有明显区别，而宋代则将公服与常服合二为一，称公服为常服，其服制基本承袭唐代。

幞头是公服的首服，且以直脚为多，两脚左右平直伸展并加长，每个幞脚最长可达一尺多，这种两脚甚长的幞头成为宋代典型的首服式样。据说宋代使用这种幞头是为了防止官员上朝交头接耳。

（4）士大夫冠服

襕衫，又称"襕袍"，为圆领、大袖，长度过膝，下施横襕以示上衣下裳之旧制。《玉海》云："品官绿袍，举子白襕。"

2. 女子服饰

（1）礼服

宋代礼服的穿着和分档上，可分为袆衣、朱衣、褕翟、鞠衣、礼衣、翟衣等。诸大事，皇后服袆衣；妃及皇太子妃服褕翟；皇后亲蚕服鞠衣；命妇朝谒皇帝及垂辇服朱衣；宴见宾客服钿钗礼衣。命女服除皇后袆衣戴九龙四凤冠，冠有大小枝各 12 枝，并加左右各二博鬓，青罗绣翟 12 等外，还有花钗冠，冠有两博鬓加宝钿饰，服翟衣，青罗绣为翟，编次之于衣裳。翟衣内衬素纱中单，黼领，朱褾、襈，通用罗縠，蔽膝同裳色，以缫为缘加绣纹重翟。大带、革带、青袜舄，加佩绶，受册、从蚕典礼时服之。内外命妇的常服均为真红大袖衣，以红生色花罗为领，红罗长裙。与古制最大的不同是宋代的妇女引礼服附加了"霞帔、玉坠子"。

（2）常服

宋代女子服饰中，最具时代特色和代表性的是背子。背子是宋时最常见、最多用的女子服饰，贵贱均可服之，上至皇后贵妃，下至奴婢侍从都喜欢穿用，这种衣服随身合体又典雅大方。背子的形制大多是对襟，对襟处不加扣系；长度一般过膝，袖口与衣服各片的边都有缘边，衣的下摆十分窄细；不同于以往的衫、袍，背子的两侧开高衩，行走时随身飘动任其露出内衣，十分动人。穿背子后的外形一改以往的八字形，下身极为瘦小，甚至成楔子形，使宋代女子显得细小瘦弱，独具风格，这与宋时的审美意识密切相连。

裙，宋代妇女下裳多穿裙，裙有两种，一种称裙，另一种称作衬裙。其样式基本保留晚唐五代遗制，有"石榴裙""双蝶裙""绣罗裙"等，其名称屡见于宋人诗文。

贵族妇女，还有用郁金香草染在裙上，穿着行走，阵阵飘香。裙的颜色，通常比上衣鲜艳，多用青、碧、绿、蓝、白及杏黄等颜色。裙幅以多为尚，通常在六幅以上，中施细裥，"多如眉皱"，称"百迭""千褶"，这种裙式是后世百褶裙的前身。

盖头，宋代妇女离家外出，头上多戴"盖头"。盖头的形式，据高承《事物纪原》载："乃唐代幂篱遗制"，但是"盖头"所用的巾子比幂篱小，一般是正方五尺，以皂罗制成。富贵之家也用铂金作为装饰，但并不普遍。戴时可直接盖在头上，遮住面额。也可以将其系在冠上，以挡风尘。盖头还有一个作用，就是在妇女成婚之日，以此蒙住头面，届时举行一个仪式，由男家派人（或新郎本人）轻轻揭开，新娘方可"露出花容"。这种风俗一直延续到清末至民国年间。

（3）发式

宋代妇女发式，承晚唐五代遗风，以高髻为尚。这种高髻大多掺有假发，有的直接用假发编成各种形状假髻，用时套在头上，时称"特髻冠子"，或者称为"假髻"。

（4）花冠

花冠最初在唐时出现，宋代女子沿袭了这一习俗。冠上除了簪用鲜花外，还有用绢制成的各种假花插于一冠之上。两宋时期，簪花不仅为妇女喜爱，男子也常在冠上插戴花朵。

（四）宋代器物

唐代，南方地区的青瓷与北方地区的白瓷共同形成了"南青北白"的瓷器格局。入宋后，南北方瓷器地域差别已荡然无存，北方地区出现了如耀州窑等一批青瓷窑场，并且形成了巨大的窑系，青瓷器在造型、纹饰、做工等诸多方面都达到巅峰状态，宋元时期的官、哥、汝、定、钧五大名窑之中，就有官、汝、钧三大名窑为主要烧制青瓷的窑场，其中汝窑的烧造几乎达到了青瓷器烧造的极致，传世的汝窑瓷器，香灰胎，釉色如"雨过天晴"，精美绝伦。从整个青瓷烧造史上看，中国古代青瓷发展至唐宋时期已达全盛，之后随着青花瓷等新品种的兴起而逐渐衰落。

宋代家具造型优美秀丽、结构合理，制作精细。宋代比较有特色的家具种类有开光鼓墩、交椅、高几、琴桌、炕桌、盆架、座地檠（落地灯架）、抽屉桌、镜台等。

第九章　宋代婚礼的现代应用

（一）仪式

在汉婚唐婚异常火热的当今婚礼行业中，很少有人尝试执行宋代婚礼。究其原因，一是服装搭配并不明确，即便在网上也很难搜索到宋代婚服的搭配图样。而另一重要原因是很多婚礼人并不了解宋代婚礼礼制和流程。

其实，宋代婚礼在现代操作执行上完全能做到张弛有度。既可以按照古礼模式中规中矩来完成，又可以放开礼制约束，融入多种婚俗，将其做成较之唐代婚礼还要丰富多彩的华丽仪式。

宋代风格婚礼执行操作参考思路：

1. 迎请新婿，可以请新郎父亲行醮戒之礼。

2. 新婿行催妆礼，读催妆诗。

3. 新妇入礼，侍女撒谷豆。

4. 新婿再次行礼，妇答礼，新郎牵彩绸倒退着引领新娘入场（牵巾）。

5. 笏举蒙首，登台后新婿以笏板挑开盖头。

6. 沃盥，侍礼或侍女为新婿新妇奉匜沃盥。

7. 拜天地，按《书仪》之礼，拜天地。

8. 拜高堂，《书仪》也有新妇拜堂上尊长之说，故做礼节调整，此处面向主桌拜高堂尊长。

9. 青庐对拜。

10. 同牢，跪坐食案两边而食；（宋代婚礼也可设高桌，先祭时新人可起身以示敬重，祭后落座而食）。

11. 祭酒举肴，以杯盏祭酒，后举肴。

12. 酳酢，第二杯，新郎新娘各自喝。

13. 合卺，第三杯用卺。

14. 掷卺占卜。

15. 执手。

16. 撒帐。

（二）服饰

《宋史·嘉礼》云："三舍生及品官子孙假九品服，余并皂衫衣、折上巾。"《宋史·舆服志》载："有官者幞头、带、靴、笏，进士则幞头、襕衫、带，处士则幞头、皂衫、带……妇人则假髻、大衣、长裙。"《东京梦华录·娶妇》云："先一日或是日早，下催妆冠帔花粉，女家回公裳花幞头之类。"

宋代规定太学三舍生和品官子弟婚娶可以假以九品幞头公服。《宋史·舆服志》记载："元丰元年，去青不用，阶官至四品服紫，至六品服绯，皆象笏、佩鱼，九品以上则服绿，笏以木。"由此可知，婚娶之日新郎所穿为何。因此新郎的服装就是头戴幞头，身穿大袖长袍的绿色九品官服，腰系革带，带饰佩鱼，脚着乌皮革靴。

新娘的服装可以从《梦梁录·娶妇》中探知一二："更言士宦，亦送销金大袖，黄罗销金裙，缎红长裙，或红素罗大袖缎亦得。"可见新娘穿的婚服是红色大袖衫和缎红长裙，配饰有凤冠和霞帔，并以红色纱罗蒙面。

（三）场布

1. 背景纹饰

通过对宋代画作中屏风的观察，我们不难发现，这一时期人们所追求的是一种简约素雅的风格。宋代屏风上绘制的大多是花鸟、山水甚至是古代画作。屏风上呈现的简约程度，多数已达到了无以加减的地步，体现了宋人以节俭简洁为美的观念。沿袭古人的思维脉络，我们也可以把花卉虫草、灵山秀水的书画作品直接作为宋代婚礼的背景。

2. 仪式道具

宋代仍是青瓷和白瓷发展的鼎盛时期，因此在宋代婚礼道具的选取上，我们依然可以如唐代选择一样，以青瓷为主选，以白瓷为辅选。然而，为了和唐代青瓷相区别，我们可以使用具有天青釉色的宋代汝窑仿制品或釉面开片的哥窑仿制器皿。

第十章　中国古典婚礼文化的当代应用思想和方法

以前述各历史时期婚俗为蓝本和多样风格，建立以"周礼文明"为内涵的现代中国古典婚礼文化模式——"周制·汉式婚礼"。

（一）周制·汉式婚礼定义

周制·汉式婚礼，简称"汉式婚礼"，即"现代华夏民族传统文化模式婚礼"。

它是以中国周代建立的传统文化意识形态为指导思想，以《周礼》《礼记》等古典经著有关"昏礼"的表述内容为核心框架，以"不同时期（公元前13世纪—公元17世纪）各类文献记载的有关婚礼过程的礼制、风俗，以及操作方式"为参考样本，去冗存精，并遵从现代法治思想和社会主义精神文明价值观，以及适用于当代生活方式的"婚礼仪典操作形式"。

（二）汉式婚礼的基本价值观

1. 倡导夫妻平等、夫妇和睦。

《礼记·昏义》："共牢而食，合卺而酳，所以合体，同尊卑，以亲之也。"

2. 倡导"婚姻结合过程"，在人生中的高度重要性。

《礼记·昏义》："婚礼者，将合两姓之好，上以事宗庙，而下以继后世，故君子重之。"

3. 倡导家庭和谐及婚礼对于社会稳定的重要存在意义。

《礼记.昏义》："男女有别，而后夫妇有义，夫妇有义，而后父子有亲，父子有亲，而后君臣有正。故曰：婚礼者，礼之本也。"

（三）汉式婚礼的产品分类和发展导向

中国具有高度发达的古典文明以及特别丰富的人文历史。

在周代建立的基本文化意识形态主线，即"礼制"基础上，不同历史时期具有不同的"风俗"表现形式；而同一历史时期，在不同的地域也有相应差异的"风俗"表现形式。

因此，"周制·汉式婚礼"的导向应与我们国家有关"传统文化建设发展"的有关精神高度一致，向"深度"和"广度"两个方面发展。

1."深度"发展

深度挖掘传统文化思想有关"婚姻生活"的思想内涵，以及相应的"仪礼表现形式"，并注重于现代生活节奏相结合，突出"家庭和睦观"和"社会和谐观"，为"构建当代和谐社会"做出应有贡献。

2."广度"发展

依托丰富历史文化，不断推进汉式婚礼产品系列化发展。

根据中国历史发展主线，以及不同主流朝代的相应起居特点和艺术格调，可以形成包括"周制原生态婚礼风格""战国风情婚礼风格""汉朝婚礼风格""南朝风情婚礼风格""唐朝婚礼风格""宋朝婚礼风格""明朝婚礼风格"等多元化分类。

在不同婚礼风格产品基础上，应注重挖掘消费者（新人）个性化的要求，积极运用现代声光电技术手段，以古典艺术表现形式充分地张扬个性，体现华夏传统文明的丰富多彩。

（四）周制·汉式婚礼司礼执行标准

汉式婚礼"司礼"，是以中国历史上国家、家族有关仪礼活动的执礼官员或控制仪礼进程角色人员——司礼，其行为特点、仪态举止、着装构词等为参考蓝本，适应现代生活节奏和审美人知的汉式婚礼仪礼进程的核心角色人员。

汉式婚礼司礼与汉式婚礼主持人并非是同一岗位。但在实际操作过程中，司礼可以根据本人实际能力，兼并主持人有关职能。

本标准适用于周制·汉式婚礼模式下各类风格婚礼的司礼角色人员。

1. 认知标准

（1）各类古典风格婚礼都源于中国周代礼制。

（2）司礼应对中国传统文化有较深刻了解和认知。

（3）司礼当以敬重之姿，行诏告之责。

（4）司礼应以男子为主。

（5）女子承担司礼角色时，应借鉴男子着装和仪态。

2. 着装标准

（1）周制·汉式婚礼仪典进程中，司礼应身着汉服，可选择：

①上衣下裳制大袖礼服，系博带蔽膝，配戴头冠，足登乌履（翘头履）。

②深衣制袍服，不带蔽膝，佩戴头冠，足登靴履。

（2）服装、鞋、冠的选用应符合相应风格的汉式婚礼活动。

（3）唐及唐后风格婚礼司礼可选择穿圆领袍服，系革带，足登靴履，必戴冠。

（4）司礼应着装整洁、仪表得体，并能够正确地向他人解读自身汉服着装的文化内涵。

（5）女子司礼应穿着男士司礼装束，执礼汉式婚礼活动。

3. 行为标准

司礼人员自身应充分了解标准汉服着装姿态，并能够向他人示范和解读相应仪礼动作。

（1）沓叠拱手，两手掌相叠压，男子左手压右手，女子右手压左手，两拇指平收对拄。

（2）揖拜行礼，男子略推手躬身为揖拜之姿，女子手置胸腹之际躬身素拜。

（3）站立时，身正昂然，头不晃摆，双目平视，不可斜貌眯蔑。

（4）若手持笏、简、锦卷，当显礼敬之姿，稳握掌怀之中，不可垂拎荡摇。

（5）若手不持物，双手可沓叠置于胸腹之际，或分置与腹前及背后。

（6）行走时，当稳步缓行；如需配合言语辞藻之情绪，行止当缓急张弛有度。

（7）观看笏、简、锦卷时，自当磊落大方，切不可有偷瞄窥视之态。

4. 用词标准

（1）司礼应能够独立撰写汉式婚礼仪程主持构词。

（2）司礼应充分理解"诗经体""楚辞体""唐诗体""南唐词和宋词体""昆词体"等五大古汉语文言表达方式，并能够灵活运用。

（3）汉式婚礼仪程构词应当以古文体为基础，结合白话文体，在彰显华夏文化博蕴精深的同时，应让在场宾客明白理解有关内容。

（4）司礼应准确理解词文含义及出处典故。

（5）司礼应正确掌握仪程稿件中每个文字的准确现代读音。

5. 语音标准

司礼应充分掌握"汉衣坊·四语境法"诵读方式，并理解其含义：

（1）"赞词"诵读方式——语音洪亮高亢，声色浑厚。

（2）"贺词"诵读方式——语音悠扬顿挫，张弛有度。

（3）"宣布"诵读方式——语音坚定明确，刚劲有力。

（4）"旁白"诵读方式——语音清晰舒缓，节奏适当。

（5）司礼在兼并主持职能时，有关内容不应以播音腔调平铺直叙，字音句调应随仪程起伏迟缓有度。

6. 流程标准

（1）周制·汉式婚礼标准流程内容。（源自《仪礼·士婚礼》）

①沃盥澡手。

②跌坐及席。

③共牢而食。

④酌酳合卺。

⑤亲解缨结。

（2）汉式婚礼仪典应完成以上基本仪礼表现过程；在此基础上，司礼可根据本场婚礼的风格特点，融入不同的仪程：

①唐风格婚礼可有：催妆、却扇、合髻等。

②宋风格婚礼可有：侠拜、交杯、定契等。

（3）司礼应充分掌握新人的个性化要求，如新人有"琴、棋、书、画、舞蹈"等才艺技能，并有展现欲望，则应积极融入整体流程之中，并以古典唯美的展现方式，使整体仪式丰富多彩。

7. 德行标准

（1）司礼在婚礼活动现场，应当举止得当、周正端庄。

（2）司礼应遵守行业基本道德规范，出新活动当守时守纪。

（3）司礼人员不得利用自身岗位优势，在现场出现"吃、拿、卡、要"等不道德行为。

第十一章　国语六大文辞结构、古词与今作对照

作为人类流传至今的主流语言结构之一，中国的国语——汉语，是唯一以"表意"文字为交流载体的沟通工具。相对于拼音文字，表意文字具备强大的思维延展能力和叙事空间，以及抑或简约抑或丰繁的高度弹性表述能力。这种语文体系为中国人建立了充满想象力的思维模式和极度自由奔放的文学艺术创造空间。

中国从古至今的词讼文体，以出现时间和运用领域的不同，总体可以归类为"诗经体""楚辞体""唐诗体""南唐词/宋词体""昆词体""白话诗歌体"等六大文辞结构。

作为高级别古典仪礼活动执礼人员，必须清晰地了解相关文辞结构的内蕴和诵念方法，并能够灵活运用，以及具备一定编写能力。

（一）诗经体

1. 诗经体——古词

《诗经》被誉为汉语诗歌的鼻祖，是古代童蒙开笔的首本教材。其特点是平铺直白、文风质朴，既有"风""雅"中对于生活情境、人情世故的真心感怀，也有"颂"中与天地对话的气魄和威仪。

诗经·周南·关雎　节选

关关雎鸠　在河之洲　窈窕淑女　君子好逑

参差荇菜　左右流之　窈窕淑女　寤寐求之

诗经·周南·桃夭　节选

桃之夭夭　灼灼其华

之子于归　宜其室家

诗经·郑风·女曰鸡鸣

女曰鸡鸣　士曰昧旦　子兴视夜

明星有烂　将翱将翔　弋凫与雁

弋言加之　与子宜之　宜言饮酒

与子偕老　琴瑟在御　莫不静好

知子之来之　杂佩以赠之

知子之顺之　杂佩以问之

知子之好之　杂佩以报之

诗经·郑风·子衿

青青子衿　悠悠我心　纵我不往　子宁不嗣音？

青青子佩　悠悠我思　纵我不往　子宁不来？

挑兮达兮　在城阙兮　一日不见　如三月兮！

诗经·秦风·蒹葭　节选

蒹葭苍苍　白露为霜　所谓伊人　在水一方

溯洄从之　道阻且长　溯游从之　宛在水中央

诗经·邶风·击鼓

死生契阔　　与子成说

执子之手　　与子偕老

2. 诗经体——今作

作为上古文体，诗经体一直沿用至民国时期。中古时代以后主要存在于正式公文结构中，通常作为严肃的祭典文稿、皇帝诏书等用词。

在现代以汉式婚礼的代表的中国古典文化仪典活动中，诗经体文辞沿用古意，既可以"风""雅"文风作为"贺词"形式，用于对人物和情境的赞美；也可以"颂"的形式作为司礼"代天宣告"的"赞词"。

词作：汉衣坊主　用于【贺词】

姣姣其女　踟蹰兰香　巧笑怜兮　美目清扬

词作：汉衣坊主　用于【赞词】

煌煌昊天　维维阔土　四方有感　昭明乃融

词作：汉衣坊·宏范　用于【赞词】

赞我华夏　礼仪之邦　宗周成礼　千载不移

词作：汉衣坊主　用于"催妆诗"

我自青州　君生晋乡　梦缘千里　会遇京堂

寒窗砺志　曦映霞光　同学亦友　辰沐微晄

回望十载　情逸悠长　相偕执手　道阻尽昶

共游九州　星汉无疆　今成正典　爱逾八荒

注解：来自山东的新郎和山西的新娘，相遇在北京的高校，成为同学和挚友，相互鼓励、十年相守，最终走进婚礼的殿堂……

（二）楚辞体

1."楚辞"体——古词

《楚辞》是以屈原为代表的，源于东周列国时期楚地的诗歌文体。其构词特点是抒情挥洒、叙事磅礴，诵念语调抑扬顿挫。它是在唐诗格调出现以前，文人常用的感情释放文辞形式。

楚辞·九歌 节选 词作：屈原

皇天之不纯命兮 何百姓之震愆

民离散而相失兮 方仲春而东迁

大风歌 词作：汉高祖.刘邦

大风起兮 云飞扬

威加海内兮 归故乡

安得猛士兮 守四方

凤求凰 词作：司马相如

有一美人兮 见之不忘

一日不见兮 思之如狂

凤飞翱翔兮 四海求凰

无奈佳人兮 不在东墙

将琴代语兮 聊写衷肠

何日见许兮 慰我彷徨

愿言配德兮 携手相将

不得於飞兮 使我沦亡

凤兮凤兮归故乡 遨游四海求其凰

时未遇兮无所将 何悟今兮升斯堂

有艳淑女在闺房 室迩人遐毒我肠

何缘交颈为鸳鸯　　胡颉颃兮共翱翔

凰兮凰兮从我栖　　得托孳尾永为妃

交情通意心和谐　　中夜相从知者谁

双翼俱起翻高飞　　无感我思使余悲

2. 楚辞体——今作

楚辞体结构有利于词作者或诵念人将内在心情附载于外在大情境，以豪放抒情的语言表现形式释放出来。在现代华夏仪典活动中，适于司礼作为"贺词"，用于感怀性的开篇引词，以及在部分环节中的伴颂词。

词作：汉衣坊主　用于【贺词】

凯风渐兮云轻扬

安得美人兮　乐宫商

浩水荡兮夜未央

安得君子兮　披嫁裳

词作：汉衣坊主　用于【贺词】

皓皓北国兮　冰封千里

昭昭南庭兮　兰芷四方

东海浩荡兮　长涛万丈

西目宗土兮　血脉千秋

注解：全台湾省第一场"汉式婚礼"开场词。

（三）唐诗体

1. 唐诗体——古词

唐诗泛指创作于唐朝的诗，形式多种多样，主要有五言和七言两种。唐诗继承了汉魏民歌、乐府传统，形式和风格丰富多彩，但是对音韵格律要求比较严格。

传统唐诗语境宽广，既有"山水诗派"的恬静雅淡，富于阴柔之美，又有"边塞诗派"的大漠雄浑、风光壮美；既有以抒发个人情怀为中心，自由奔放、气势宏大的"浪漫诗派"，也有多表现忧时伤世，悲天悯人的情怀的"现实诗派"。

清平调　词作：李白

云想衣裳花想容　春风拂槛露华浓

若非群玉山头见　会向瑶台月下逢

古代催妆诗　词作不明

云安公主贵　出嫁五侯家

天母亲调粉　日兄怜赐花

催铺百子帐　待障七香车

借问妆成未　东方欲晓霞

传闻烛下调红粉　明镜台前别作春

不须面上浑妆却　留著双眉待画人

古代却扇诗　词作不明

城上风生蜡炬寒　锦帷开处露翔鸾

已知秦女升仙态　休把圆轻隔牡丹

莫将画扇出帷来　遮掩春山滞上才

若道团圆似明月　此中须放桂花开

璞璞一头花　蒙蒙两鬓遮

少来鬓发好　不用冒或遮

古代拦门诗　词作不明

仙娥縹缈下人寰　咫尺荣归洞府间

今日门阑多喜色　花箱利市不须悭

绛绡银烛拥嫦娥　见说青蚨办得多

锦绣铺陈千百贯　便同箫史上鸾坡

2. 唐诗体——今作

运作在现代华夏仪典活动中，"唐诗体"是"贺词"语境的最重要素材，既可以用作对于人物情境的短促赞美，也可以作为某些特定环节的长篇赞颂和伴词；既可以作为开场的引诵诗篇，也可以作为结语部分的收尾叹诵。

唐诗体在国人日常生活中沿用至今，自创作唐诗体文辞，应特别注意用词的典雅，和平仄声韵的处理，否则易滑落成为"打油诗"。

词作：汉衣坊主．改作词用于【贺词】

流光照美人　祥云若翩跹

婀娜舒广袖　玉指动心兰

袅袅秋烟里　灯鸿惊飞燕

东风忘返百花在　香散艳止吾迟来

风华绝代世无双　何费天工万古开

注解：可用于仪礼期间，赞美新娘的伴颂词。

词作：汉衣坊主 用于【贺词】

> 丁家儿郎挽弓长
>
> 亮照东海沐阳光
>
> 石破惊天驭旗舰
>
> 南花康婷蹋宫商

注解：婚礼上新人的藏名诗，仪式举行地点在山东，遥望东海；新人是创业伙伴，自己的企业名为"阳光旗舰"……

（四）南唐词/宋词体

1. 南唐词/宋词体——古词

"词"是一种音乐文学，配词的音乐称为燕乐（宴乐），主要用于娱乐和宴会的演奏；"词"句子有长有短，便于歌唱。南唐词和早期宋词总体格调也是柔婉深约、蕴藉含蓄，以后的发展逐渐走向"文人抒情"的方向，出现"婉约""豪放"等各种流派。

相见欢 词作：李煜

> 林花谢了春红 太匆匆 无奈朝来寒雨晚来风
>
> 胭脂泪 相留醉几时重 自是人生长恨水长东

虞美人 词作：李煜

> 春花秋月何时了 往事知多少
>
> 小楼昨夜又东风 故国不堪回首月明中
>
> 雕栏玉砌应犹在 只是朱颜改
>
> 问君能有几多愁 恰似一江春水向东流

满江红　词作：岳飞

怒发冲冠　凭栏处　潇潇雨歇

抬望眼　仰天长啸　壮怀激烈

三十功名尘与土　八千里路云和月

莫等闲　白了少年头　空悲切

靖康耻　犹未雪　臣子恨　何时灭

驾长车　踏破贺兰山缺

壮志饥餐胡虏肉　笑谈渴饮匈奴血

待从头　收拾旧山河　朝天阙

青玉案·元夕　词作：辛弃疾

东风夜放花千树

更吹落　星如雨　宝马雕车香满路

凤箫声动　玉壶光转　一夜鱼龙舞

蛾儿雪柳黄金缕　笑语盈盈暗香去

众里寻他千百度

蓦然回首　那人却在　灯火阑珊处。

2. 南唐词/宋词体——今作

由于南唐词和大部分宋词的生成源头，是诠释"风花雪月""男欢女爱"等方面题材，因此词感特别适用于现代汉式婚礼仪典之中；而其长短间错的语句构成结构，则为主持人员提供了高度自由的诵念发挥余地。

南唐词/宋词体文字蓄积量弹性空间较大，则叙事和抒情切入点更加丰富，表述情境更加丰满，因此特别适用于汉式婚礼中烘托新人个性化表现的环节。这也为主持和策划工作者提供了更加自由的创作空间。

词作：汉衣坊主　用于【贺词】

月圆中秋　常问

人间聚首几多时

花开花落

桂香再满蟾宫

飘落人间　庭中合欢

布衣素食　亦享天伦乐

注解：常用于中秋节期间婚礼的开场词。

词作：汉衣坊主　用于【贺词】

高山流水　北国正清秋

仲夏别来　月桂存香

八方娇客再聚首

千山远望　龙臻起

金风摇翠　百果争红跃枝头

听海深处　浪花逐舞

漫拨琴弦珠欲落

钟玲声声　觅得佳人处

日上阑干　滨城华彩

史曹结手相合　四海宾朋共贺

注解：仪式举行地点在大连"七星希尔顿酒店"，亲家皆为当地商界的重要人物，现场宾客众多，此段文辞是司礼在新娘（在仪式过程中）展现古筝弹奏技艺时的伴颂词……

（五）昆词体

1. 昆词体——古词

公元 16 世纪中叶，东西方世界同时诞生了两位伟大的剧作家——中国汤显祖（1550 — 1616）和英国的莎士比亚（1564 — 1616）。汤显祖的《牡丹亭》将闺门少女的爱情幻梦搬上舞台，即刻引起巨大轰动。

当莎士比亚的《仲夏夜之梦》在伊丽莎白时代的伦敦剧场赢得阵阵欢笑的时候，在中国江南典雅的庭院式舞台上，《牡丹亭》编织的绮丽的梦境也让观者如醉如痴。

昆曲被誉为中国近代戏剧的"百戏之祖"。其配词，称之为"昆词"。汤显祖的昆词创作雕琢天工、细腻典雅，是汉语言艺术的巅峰。

牡丹亭·游园惊梦　唱词节选　词作：汤显祖

> 袅晴丝吹来闲庭院
>
> 摇漾春如线
>
> 停半晌整花钿
>
> 没揣菱花偷人半面
>
> 迤逗的彩云偏
>
> 我步香闺怎便把全身现
>
> 原来　姹紫嫣红开遍
>
> 似这般　都付与断井颓垣
>
> 良辰美景奈何天
>
> 赏心乐事谁家院
>
> 朝飞暮卷　云霞翠轩
>
> 雨丝风片　烟波画船
>
> 锦屏人忒看的这韶光贱

2. 昆词体——今作

昆词的词境相近于南唐词和宋词，但由于是长篇的戏剧配词，因而更偏重于在主题串接下，将时务的时间、地点、人物、起因、经过、结果六大元素，以古典散文的形式艺术地表述出来；同时，昆词不需要唐诗宋词的高度押韵要求。故昆词体特别适用于某些长篇个性化仪程的创作，能够更充分地糅合描绘仪典主角的心境和身处的外在时境，并激发现场宾客的想象空间和强化代入感。

词作：汉衣坊主改作词用于【贺词】

北国仲春　春如线

原来姹紫嫣红开遍

良辰美景奈何天

遍青山　莺啼婉转

雕栏处　蜂花蝶恋

三生锦缘　缘非梦幻

好景艳阳天

朝飞暮卷　云霞翠轩

雨丝风片　烟波画船

赏心乐事谁家院

钗环扶云鬓　玉面落花钿

牡丹开遍　烟丝醉软

烛光点点相思恋

怎辜负　这春晖流转

韶光溅

　　注解：仪式举行地点在沈阳盘山风景区，正值仲春时节，此段文辞是司礼在新娘（在仪式过程中）展现古琴弹奏技艺时的伴颂词……

词作：汉衣坊主　用于【贺词】

北国仲夏　流光回转

艳阳　好景

汉时大漠孤烟直

唐宫得见落日圆

原来　姹紫嫣红也开遍

和风尽渡玉门关

塞湖清波　云霞漫卷

天山　雪莲

再闻天汉惊雷在

儿郎铁骑戍边关

西域茫茫　若相见

号歌惊鸣　铁甲连连

旌旗列服　女儿心愿

春去春来　几曾相伴

花月朦胧　一笑间

钗环扶云鬓

罗裾挽青莲

红衣花堂　烛光点点

三生锦缘非梦幻

鸿雁相伴双归还

　　注解：仪式举行地点在新疆维吾尔自治区伊犁地区，新人均为武警战士，在军旅中相识相恋，长时间两地分居，现场宾客多为军旅同胞和领导，此段文辞由司礼念诵开场，直至新郎、新娘分别出场，并结手走向舞台的全过程。

（六）白话诗歌体

1. 白话诗歌体——原词

传统汉语分为"雅言"和"俚语"，也可称为"文言（书面语言）"和"白话（交流述语）"。作为表意文字，汉字的单字表达能力，是其他语言望尘莫及的。因此，在古代世界书写工具相对今天极度落后的情况下，短篇精悍的汉语文言在传述时务方面，有着不可比拟的巨大优势。

但随着"五四运动"以后西学东渐，当时的部分文学工作者借鉴西方语言结构，将白话问题搬上大雅之堂。勿论其导向正确与否，历史作用如何，在是各方面，则形成了现代诗歌形式。

你去　词作：徐志摩

等你走远了　我就大步向前

这荒野有的是夜露的清鲜

也不愁愁云深裹　但须风动

云海里便波涌星斗的流汞

更何况永远照彻我的心底

有那颗不夜的明珠

我爱你

2. 白话诗歌体——今作

我们务必厘清一个概念——周制·汉式婚礼是一种现代的婚礼形式，是以"周礼"为人文意识形态内核，以不同朝代的审美表现形式为多样格调的婚礼体系。

作为主持策划工作者，我们是为现场宾客呈现一台充分表现华夏古典文化内蕴和审美格调的真实婚典，并不是追求，也不可能做到将某一朝代仪式原样复古。

因此，仪式进行中适时以白话形式向宾客介绍婚礼内容，或根据仪程特点和新人个人情况需要，以白话诗歌的形式，作为"贺词"呈现在现场，是必要的和无需规避。

词作：汉衣坊主改作词用于【贺词】

梦中人　铭刻在我记忆之中

你是我守候的温柔

五百世的回眸

换得我们今世相逢

你可记得　那一世

晨起的第一缕阳光　照亮恒河

我们共同沐浴欢歌

你可记得　那一世

烟雨飞花的季节

我们牵手泛舟西子湖畔

曾经有一天　烈日当空

我们策马奔驰在草原深处

我融化在你的胸膛

再一次梦中　月神微笑

山中的轻雾萦绕着你的背影

恰似你的柔情

春去春来　我们又回到天地之间

喜马拉雅不能阻隔我们的姻缘

我们相守在大洋之边凝望着彼岸

万世沧桑唯有爱是永远的神话

生生世世我们紧紧握住双手

只因从未遗忘　古老……古老的誓言

注解：新人双方分别是印度裔加拿大人和中国人，婚礼的主题为"神话情缘"，以双方文化背景中共有的"轮回"观念为线索，诠释了双方的爱情根源；此段文辞作为开场前画外音，全程伴奏电影《神话》主题区，并且分段英文翻译……

词作：汉衣坊主　用于【贺词】

> 万里长城万里长
>
> 他绵延伫立在我们北国的山峦之巅
>
> 他是龙之巨剑　永远守护着华夏之源
>
> 岁月沧桑　熬不尽他坚韧的胸怀
>
> 刀兵火毒　不能毁灭他的躯干
>
> 三千年　他依然伫立在山峦之巅
>
> 他欣慰地聆听着华夏儿女的欢歌笑语
>
> 他静静地注视着一段段爱情故事的上演

注解：这是在北京慕田峪长城七夕主题活动中的开场诗篇，以赞颂长城为开端，渐次导入对爱情的歌颂……